MONIQUE GASSMANN



# VIVRE, NAÎTRE, DEVENIR, MA VÉRITÉ 2020

ÉDITIONS MAÏA

**Découvrez notre catalogue sur :**

**https://editions-maia.com**

Un grand merci à tous les participants de *simply-crowd.com* qui ont permis à ce livre de voir le jour :

MARGUERITE AUBRY
CATHERINE AUBURTIN
ANJA BESANÇON
LES PRÉS DU MOULIN
DANIELLE EBLE
LUCIENNE FLORY
DOMENICO GRISPINO
ISABELLE HIHN
ESTELLE HISSLER
JACQUES LEFEBVRE
CÉLINE LOCATELLI
CLAUDINE MANNHEIM
JACQUELINE PELLE-DEMANGEAT
CATHY ROYAL
JEAN-MARTIN VINCENT



*Nos livres sont éthiques et durables : économes en papier et en encre, ils sont conçus et imprimés en France.*



ISBN 978-2-38441-605-9
Dépôt légal : juin 2023

# Introduction

Bonjour chère lectrice, cher lecteur.

J'avais éprouvé un réel plaisir de partager mes cogitations avec Toi !

Je Te rappelle que je Tutoie parce que, comme dans mon premier ouvrage, je me livre à partir de cet espace en moi qui me semble commun à tous les Êtres : le cœur ! Ce n'est nullement un manque de respect, mais bien au contraire un petit (grand ?) quelque chose en moi convaincu que nous avons tous nos racines dans la même Source Originelle.

Oui, réellement, je me livre !

Non pas parce qu'il me paraît important de parler de moi, mais bien davantage parce que j'ai l'intime conviction que l'authenticité éveille l'authenticité. Une qualité dont notre humanité a grand besoin. Pour cultiver mon authenticité, j'apprends (depuis plus de trente ans !) à m'approprier ou à me ré-approprier mon corps. Dans notre culture occidentale, nous avons plus appris à l'utiliser, à le contrôler, à l'entraîner... à le dépasser... pas vraiment à l'écouter et encore moins à le comprendre. Or, depuis que je l'écoute, depuis que je fais le lien entre mes problèmes physiques et mes états émotionnels, depuis que je remercie mon corps pour le confort qu'il m'apporte, j'ai déjà appris énormément de choses sur moi et, par ricochet, sur les autres et même sur le fonctionnement de l'humanité.

C'est un apprentissage (un apprenti sage) passionnant et illimité ! Si je me livre ainsi, c'est aussi pour partager mon envie de compréhension de l'Humain, de l'Humain dans sa grandeur !

C'est ma façon toute personnelle de faire ma part de colibri comme dirait Pierre Rabhi !

Puisses-Tu avoir autant de plaisir à me lire que j'en ai à écrire !

Et encore plus à rencontrer ton authenticité profonde, simplement, joyeusement, avec amour et bienveillance.

Parce que Oui, il en faut de la bienveillance et de l'amour pour se mettre face à son authenticité ! Et il en faut tout autant pour ouvrir les yeux sur le fonctionnement de l'humanité tout en gardant foi en elle.

Je reviendrai sur ces deux mots : amour et bienveillance.

Nous sommes tellement formatés

À tout juger,

À avoir un avis sur tout,

À tout comparer

Que nous ne nous rendons même plus compte que, la plupart du temps, nous nous mentons à nous même.

# Chapitre 1 – La Vérité

**J'aime cette métaphore**

Imagine que ce que nous appelons « La Vérité », la vraie, la seule, l'indiscutable, soit représentée sous la forme d'une boule à facettes.

Tu sais, comme il y en a dans les dancings !

La Vérité Humaine serait alors composée de sept ou huit milliards de facettes. Chaque facette serait un humain ou une humaine.

La Vérité des facettes du dessus est un plafond,

La Vérité des facettes du dessous, des gens qui se trémoussent,

La Vérité des facettes latérales, un mur parcouru de formes et de couleurs,

Chaque facette a Sa vérité qui est réellement vraie...

Et pourtant, elles font, toutes, partie de La Vérité !

Mais, au fait, que se passerait-il à l'intérieur de la boule ? Serait-elle pleine ? Serait-elle vide ? Dans les deux cas, « l'intérieur » communique avec chacune des facettes et les concerne toutes... sinon la forme de l'objet ne serait plus sphérique. Un peu d'humour voyons ! Légèreté ! C'est reposant !

Cet « inté-rieur » pourrait-il correspondre à la Source dont nous sommes tous et dont tout est originaire ? « Origine air » ?

Cet « inté-rieur », serait-il notre profondeur ? Notre intérieur (pas toujours rieur) à chacun ? Celui qui a perdu le souvenir de sa Source Originelle ? Celui qui, quelque part, se souviendrait qu'il s'est individualisé d'un Tout comme tout un chacun ?

Dans notre société, individuel signifie moi par rapport aux autres... individu duel... relatif à la dualité... Et si individuel était également très proche d'indivisible ? Individu visible... ? À partir de la même Source ?!

En relisant, me vient une autre métaphore : la facette, fa7. La fréquence de la note fa de notre gamme chromatique serait très proche de la fréquence du chakra du cœur. Un accord de septième est un ensemble de notes jouées simultanément dont la septième, c'est-à-dire la dernière note de cette gamme. Pour exemple un accord de do7 comprend le si (7e si on commence par do), un accord de ré comprend le do, de mi, le ré, etc. Dans notre musique occidentale, quelle que soit la note, l'accord de septième donc do7... fa7 permet d'enchaîner sur n'importe quel autre note ou accord de la gamme. Le septième degré est le dernier avant l'octave. Un peu comme une ponctuation dans un texte qui permet d'enchaîner sur une profondeur ou une hauteur supplémentaire. L'octave étant un peu comme l'étage supérieur (ou inférieur).

Si j'associe ainsi les métaphores de la boule du dancing et celle de la facette/fa7, je comprends que ma facette/fa7, vibrant à partir de mon chakra du cœur d'une part et de par son accord de septième d'autre part, est parfaitement capable de s'associer à n'importe quelle autre facette/fa7... L'individu visible serait à la fois bien réel et légitime tout en étant en lien naturel avec tous les autres, chacun tout aussi réel et légitime...

Pourrait-on appeler cela : élargissement de conscience... ?

Ce qui suit est La Vérité à partir de Ma Fa7 !

Peut-être que la tienne se trouve tout près de la mienne ou à un tout autre endroit de la boule...

Cela n'a aucune importance, à partir du moment où nous réussissons à réunir quelque part nos authentiques vérités... nos octaves !

Quelle magnifique symphonie peut alors émaner de nous !

# Chapitre 2 – Rappel

## Je naissais

J'étais dans mes origines, dans La Source, dans cet Amour,

Cette Lumière…

Indicible… Vraiment indicible !

Dans une harmonie, un rayonnement, une fluctuation nourricière, épanouissante, apaisante au point où tout était possible.

Je savais tout, je connaissais tout, j'étais tout.

Tout simplement : j'étais.

J'étais moi, j'étais toi, j'étais nous, j'étais vous. J'étais tous et toutes. Je n'étais ni seule ni accompagnée, ni quelque part, ni ailleurs. Simplement : j'étais.

C'était tout simplement : divin. Et c'était parfait ainsi.

Nourrie, structurée, accompagnée, guidée par cette énergie merveilleuse dans un mouvement perpétuel alliant le jamais et le toujours dans un éternel maintenant, un éternel instant, le temps de l'Un, « l'Unstemps », j'ai décidé d'expérimenter l'humain, pour ma part, l'humaine.

M'individualiser de la Source,

M'extraire de mon matériau originel,

Me couler dans deux cellules…

Deux cellules qui se sont rencontrées grâce à… L'Amour…

Mais quel amour ?

Ce qui restait de mémoire d'Amour à ces cellules qui comme moi s'étaient différenciées de cette Source Mère Veilleuse et qui avaient déjà une part d'expérience humaine. À mesure que je me laissais emprisonner dans ce corps, je percevais des élans d'Amour, de restes d'Amour qui m'accueillaient. De même que naissait déjà en moi la nostalgie de ce que je quittais, je percevais que, chez ceux qui m'attendaient, la mémoire laissait place à quelques fugaces apparitions de cette même Source…

Il y avait, entre la Source et les humains qui m'attendaient comme un voile… Un voile qui, au mieux, laissait apparaître l'Amour et la Lumière en ombres chinoises…

Ils étaient tellement heureux de renouer, sans le savoir, avec ce qu'ils étaient vraiment ! Et l'objet de ce bonheur était une particule de leur Source qui venait les rejoindre. Cette particule, c'était moi. Je m'étais extirpée de cette Source Originelle pour habiter un corps humain, comme on enfilerait un pyjama de la taille d'un orteil !

Quel exploit !

Si tel est le cas, nous l'aurions toutes et tous fait.

Tellement absorbée par cette tâche, somme toute ingrate, j'ai tout oublié ! Tout ! Tout, au point de me laisser manipuler, modeler, former, transformer par…

Par quoi donc… ? Ou par qui… ? Comment… ?

Avec pour seuls outils propres : un corps en constante mutation et une sensitivité illimitée.

Ce que je pourrais appeler un humain en devenir parmi des humains en fonction. Ces humains en fonction qui sont déjà passés par le chemin que je suis en train d'emprunter. Ils ont déjà oublié leur Source Originelle. Il faut dire qu'ils ont tellement à faire pour correspondre à ce que les autres humains attendent d'eux ! Et pourquoi ceux-ci attendent-ils quelque chose des autres ?

Parce que c'est tellement laborieux d'avoir quitté et oublié la Source que, inconsciemment, ils la cherchent partout et dans tout et tous ?

Il leur reste, il nous reste, il me reste donc un infime souvenir de… ce lieu… ? Ce moment… ? Cet état… ? Cet espace… ?

Dans la Source, ils ÉTAIENT, nous ÉTIONS, j'ÉTAIS tout simplement.

Nous étions tout, tout et rien, quelqu'un et personne, partout et nulle part, tout cela à la fois. Nous étions dans le tout, le rien ? Nous étions réellement un, un dans l'infini, un dans l'instant, un dans le temps, dans l'Unstemps. Ce lieu de nulle part et de partout. Cet Unstemps de jamais et de toujours.

Cette béatitude, cet ondoiement, cette plénitude...

À partir du moment où je naissais, comme le dit la chanson, tout cela, est payé, balayé, oublié !

J'ai alors adopté comme une vérité immuable ce que les cinq sens de mon corps physique percevaient dans l'entourage immédiat de celui-ci. Il faut dire que le panel paraissait infini. J'étais engoncée dans quelque chose qui semblait être mon véhicule dans ce monde, sans que cela ne soit réellement exprimé.

Mon corps était manipulé, porté, déplacé, enveloppé, voire sanglé ou, au contraire, libéré de tout contact, sauf à un endroit, un contact plus appuyé. J'ai appris plus tard que c'était l'appui, succédant à une notion de pesanteur. Le corps est, non seulement limité, mais il est impossible qu'il soit sans aucun contact, complètement libre.

Par ce fait même, la conscience de la limitation est omniprésente.

Limitation !

L'imitation et apprentissage ?

Apprentis sage et intégration... intègre à sons... limites à sons Sensations... sens à son...

Sensations, sonorités, odeurs, dégradés d'ombre et de lumière ; fondu et différenciation de couleurs, contact rêche, dur, doux, fort, caressant, agressif, dérangeant, agréable...

Imaginez toutes les combinaisons possibles si vous associiez à chaque fois différemment un son avec une odeur, une intensité lumineuse, une couleur, un contact... et à chacune de ces associations une sonorité différente, mélodique. Synesthésie des Sens... synesthésie d'essence ! Ce que les humains appellent le langage. Le langage, outil indispensable pour communiquer, pour échanger avec les autres humains.

Non seulement je me suis extirpée de cette Source dans laquelle tout existait, tout coulait de... Source,

Non seulement je me suis individuée, séparée, éloignée,

Mais je me suis engoncée dans un espace réduit à partir duquel tout était à apprendre, à moins que ce ne soit à découvrir et à intégrer.

Apprendre :

– Comment utiliser ce véhicule qu'est mon corps,

– Comment l'entretenir, car il demande énormément d'attentions,

– À apprendre, à imiter ! Oui, c'est cela ! Imiter !

En fait, imiter : faire comme les autres, en tout cas, faire comme ceux qui évoluent dans mon entourage.

C'est cela, à cet « Unstemps » la seule réalité ! Réalité qui va devenir ma vérité.

Rappelle-toi : mon corps physique a la taille d'un orteil comparé à ce qui s'extirpait de la Source lorsque je m'incarnais. J'ai ainsi oublié la vastitude de mon être de départ, pour consacrer toute mon énergie à cette compression, cette limitation, cette densification.

J'ai été soutenue et entourée par ceux que j'appelais Maman, Papa, Sœur, Frère, Famille, Ami(e)s, eux aussi densifiés au maximum, afin de mener à bien ce que nous nommons la Vie. Je dirais plutôt : la densification extrême.

Dans ce contexte, la seule réalité est tangible, visible, audible.

Il existe bien des poètes ou des mystiques, mais ces gens-là ne contribuent pas à « nourrir son homme » ! À vivre ! C'est-à-dire à assurer l'entretien et la protection du corps : « une prière, un beau tableau, un morceau de musique, même touchants, n'apportent ni à manger, ni de quoi s'abriter ou se vêtir » !

Ces gens-là perdent leur temps ! Ah oui, le temps !

Pourtant impalpable, invisible, inaudible, le temps existe ! Lui ! Dans cette réalité. Le temps entraîne indéniablement une notion de vitesse, rapidité, stress. Sans compter avec cette spécialité humaine : la compétition ! Passer devant les autres, faire mieux que les autres...

Avoir du temps. Prendre son temps. Perdre son temps. Gagner du temps.

Le temps, c'est de l'argent.

Ce temps parfaitement immatériel qui, pourtant, est au centre de tout !

Paradoxalement, nous chantions beaucoup en famille et mon père se faisait un plaisir de construire des plates-bandes de fleurs agrémentées de toutes sortes de décors en bois ou en plâtre qu'il créait de ses propres mains.

Ce besoin, cette recherche de ce qui est beau, était-ce la manifestation tangible mais inconsciente de la nostalgie de la Source ?

Compte tenu de tout ce contexte d'incarnation, cela me fait sourire (parfois un peu jaune) quand j'entends les jeunes parents d'aujourd'hui exprimer leur peur de traumatiser leur enfant.

Je leur réponds généralement :

— C'est trop tard ! Ils sont nés ! Et ça, c'est un énorme traumatisme !

La plupart du temps, ils prennent cela pour une boutade. Pourtant, cela me paraît être une vraie matière à réflexions.

Non seulement cette âme quasi illimitée s'évertue à habiter son tout petit corps, mais encore, sous prétexte d'apprentissage et d'amour, nous l'éduquons, la formatons à ne plus porter attention qu'à la matière, la densité.

Nous nions totalement tout ce que cet humain en devenir nous apporte de son ailleurs, de son au-delà, du son de l'au-delà, de ses amis que nous qualifions d'imaginaires.

Ses émotions que nous interprétons en fonction de Notre histoire Terrestre :

— Mais non, ce n'est rien, ce n'est pas grave !

Celui que nous appelons le bébé est considéré comme un sac vide à remplir de nourriture et de savoir. Tu me diras que ce n'est plus vraiment le cas, que cela change, pourtant la grande majorité des institutions d'enseignement fonctionne ainsi, sans compter la sacro-sainte compétition depuis le plus jeune âge.

Nous sommes tellement éloignés de la Source que nous avons réellement oublié que cet humain en devenir est, avant tout, une poussière d'étoiles, un être divin

... Et qu'il a quelque chose de spécifique, d'original qui va enrichir la communauté humaine.

J'ai trouvé cette citation de Capitaine Paul Watson :

« Un enfant naît avec sept dons naturels.

Le premier est l'innocence, le second est l'ouverture d'esprit, le troisième est l'imagination, le quatrième est la confiance, le cinquième est une passion pour la vie, le sixième est la compassion pour la vie, le septième est le courage. »

Si nous partions de ce principe, nous nous sentirions bien pauvres en comparaison de ce que nous appelons un nouveau-né !

Que de choses ils pourraient nous apprendre si nous les observions ?!

Quel chemin d'évolution pourrait être notre passage (pas si sage) sur Terre !

# Chapitre 3 – Un vieux couple

De la vie (de l'avis ?) d'un couple qui dure dans une société où l'obsolescence se hisse à la première place.

Deux âmes, un jour, quelque part dans l'univers, se glissent chacune dans un corps de chair, à travers un ventre de mère.

Deux âmes décidées à vivre une authentique aventure humaine.

Avaient-elles décidé de la vivre ensemble ?

Toujours est-il qu'elles ont atterri à peine quelques jours d'intervalle au même endroit, dans le même lieu physique terrestre.

Elles ont grandi à quelques centaines de mètres de distances dans deux familles que (presque) tout opposait.

Ou peut-être pas tant que ça...

Le quartier géographique était le même, mais il était composé d'une zone résidentielle et d'une zone ouvrière.

L'école était la même au détail près, qu'à l'époque, il y avait l'école des filles et l'école des garçons.

L'église était la même, mais là encore séparation des genres : les femmes étaient à gauche et les hommes à droite.

Ainsi deux âmes, très proches dans la Source des Origines, expérimentent presque côte à côte l'humanité dans une société de plus en plus industrialisée et consommatrice.

L'histoire d'un humain, dans une incarnation en un temps T de la société humaine, se construit à grands coups d'émotions. En commençant par celles de ceux qui jouent le rôle de parents. Puis, à grands coups de morale religieuse ou non, elles vont être enfouies ou exprimées selon qu'elles seront jugées négatives ou positives.

Ne montrant ainsi que (ce qui est jugé comme étant) la perfection et enfouissant dans le tabou tout le reste.

Ainsi se développe pour l'une le besoin de reconnaissance, pendant que l'autre n'a de plus grand désir que d'exister pour ce qu'elle est au plus profond « d'elle-m-aime ».

Deux éducations différentes sur le plan des moyens matériels, mais probablement relativement proches si l'on considère les valeurs humaines composées de morale et de religion.

Deux éducations dans une même société, deux âmes dans une même humanité, se rencontrent par l'effet de Monsieur Hasard utilisant subrepticement le jeu des hormones pour conjuguer à deux quelque chose qu'elles appellent amour.

Cette nostalgie… non pas nostalgie !

Ce souvenir de la Source, de cette dimension pérenne de Lumière, de Douceur, de Fluctuations éternelles dans l'Unstemps…

À ce stade de l'histoire terrestre, amour rime avec toujours. Construire un foyer, une famille, en fait une société miniature dans la société.

Dans cette expérience humaine, ce dont elles se souvenaient de la Source avait pourtant des composantes qu'elles n'avaient pas effleurées.

Dans la Source, c'était Divin ! Tout allait de soi, il n'y avait rien, mais il y avait tout, elles n'étaient personne et tout le monde, elles ne savaient rien mais connaissaient tout.

Sur cette planète Terre, il y avait comme une distance d'avec la Source, comme un voile, un froid, un manque…

C'est ainsi que l'amour de ces deux âmes se décline en douceur, émerveillements, échanges, fatigue, dialogues, incompréhensions, orages et réconciliations, accueil et déceptions, convivialité et chansons, promesses et recommandations, libertés et restrictions, cheminements, hésitations, questionnement et réorientations… périodes creuses, périodes pleines, périodes vacillantes, périodes fermes, questionnements, analyses, sensations, émotions…

Les années défilent : gestations, naissances, bonheurs et angoisses, éducation, accompagnement, engagements.

Les enfants grandissent :
Détachement, détachement, détachement...
Et questionnement :
Qu'est-ce que la Vie ?
Qu'est-ce que l'Amour ?
Qu'est-ce que toujours ?

Dans l'enchevêtrement du quotidien, les deux âmes ont fait de leur mieux.

De leur mieux quoi ?

De leur mieux comment ?

De leur mieux d'humains engoncés dans leurs histoires émotionnelles qui, depuis la profondeur de leur être respectif, les ont dirigés à leur insu.

Comment ?

Le besoin de reconnaissance de l'une la rendant indispensable au besoin d'exister de l'autre...

Cela pourrait être quitte ou double !

La chance qu'ont eue ces deux âmes, c'est qu'elles sont parfaitement conscientes de leur besoin respectif vis-à-vis de l'autre et qu'il y a une volonté réciproque d'avancer ensemble. Dans le cas contraire, cela risque de s'avérer explosif... Bien évidemment, la Vie sur Terre est toujours une question d'équilibre entre deux pôles opposés...

# Chapitre 4 – Lasse, Hantée est la Santé

Lors de la constitution de l'Organisme Mondial de la Santé, en 1946, la santé a été définie comme suit :

La santé est un état de complet bien-être physique, mental et social et ne consiste pas seulement en une absence de maladie ou d'infirmité.

J'ai été formée en tant que sage-femme, dans les années 1970.

À l'époque, la sage-femme était considérée comme la professionnelle médicale qui accompagne les grossesses, les accouchements et leurs suites, dans la mesure où ceux-ci sont eutociques. Entendez par là que tout cela se passe normalement. Aujourd'hui, on dirait que cela se passe « naturellement ». L'eutocie étant l'opposé de la dystocie qui, elle, signifie dysfonctionnement.

J'ai le souvenir de mon professeur d'obstétrique de l'époque. C'était, (à mes yeux de 18-21 ans), un très vieux monsieur. Peut-être était-il presque aussi âgé que moi aujourd'hui ! Une de ses phrases s'est gravée à jamais dans ma tête et dans mon cœur. L'a-t-il répété souvent ou seulement une fois ? Je ne saurais le dire, mais pour moi, elle était percutante. Oui, elle a percuté en moi ! Lorsqu'il nous avait expliqué une problématique quelconque, il nous posait la question suivante :

— Imaginez un instant que vous êtes seules, dans la brousse, avec une femme qui pose cette problématique ! Comment allez-vous vous y prendre ?

En fait, ce monsieur ne prétendait pas avoir la science infuse, mais il avait une sacrée dose de bon sens et nous incitait à stimuler le nôtre.

Merci à lui pour ce magnifique enseignement.

C'était l'époque où apparaissait l'échographie. Nous appelions cela « les ultras sons ». Je me souviens également d'un interne qui, un jour voulant utiliser des mots techniques, a demandé à une parturiente avec un air suffisant, si elle a déjà été « ultrasonnée » !!!

Cela nous permettait de prendre certaines mesures du fœtus et parfois (avec une chance sur deux) de découvrir son sexe. Que de chemin parcouru depuis en matière de technologie !

Par contre, au fur et à mesure que nous faisions confiance à la technologie, nous laissions progressivement nos compétences humaines de côté !

Là où nous écoutions la fréquence cardiaque du fœtus avec notre « trompette » (à savoir le stéthoscope obstétrical) après palpation du ventre de la femme, nous cherchions les « bruits du cœur » avec un capteur électronique.

La première façon de faire demandait du temps. Par la même occasion, une présence humaine auprès de la femme, une certaine proximité avec celle-ci et surtout des échanges concernant particulièrement les perceptions qu'avait cette future maman de son enfant à naître.

La deuxième demandait plus de technicité et nous avons commencé à exiger des femmes des positions inconfortables pour le besoin de la technologie et qui ne sont pas obligatoirement favorables à un accouchement eutocique.

Cela créait des agacements en nous sages-femmes et une relation humaine de moindre qualité ! Serait-ce le début de certaines des « violences obstétricales » dont on parle aujourd'hui ?

Il n'y a, ici, aucune volonté de nuire ! Je l'affirme haut et fort ! Par contre, il y a un certain « embrigadement ». Venu d'où ?

Embrigadement dû à la propagation de la peur !

Peur de mal faire, peur d'être à l'origine d'un problème quelconque pour lequel on nous accuserait de défaut de surveillance, tout cela, rajouté au fait de faire plus confiance à la technologie qu'aux qualités humaines.

Il est évident que toute femme enceinte attend le bébé le plus parfait du monde. Cela me paraît parfaitement légitime.

Il est évident que toute femme enceinte a des craintes concernant cette « perfection ».

Il est tout aussi évident que rien n'est plus simple que de manipuler une femme enceinte par la sempiternelle expression « c'est pour le bien de votre enfant ». Culpabiliser une mère est une des choses les plus faciles à faire.

Si j'en crois ce que j'ai écrit dans le chapitre « Rappel », cet amour qui aurait réuni deux humains en expérimentation afin d'attirer un humain en devenir issu de la Source… cet amour est remplacé par cette peur… quelle douche froide pour l'être qui arrive sur terre ! Peur liée à ce formatage des humains en expérimentations dont les croyances sont régies par les normes de la société dans laquelle ils vivent. L'être qui arrive doit être beau, intelligent et conforme aux critères du moment. S'il ne l'était pas, ce serait catastrophique pour les parents, pour la famille… Il faut également qu'il soit parfaitement adaptable au système éducatif, au système social, au système sanitaire du moment… Il doit être en apprentissage, mais un apprenti sage… et de quelle sagesse s'agit-il ? De la sagesse dont il est question dans la chanson de Saint Nicolas ? « J'irai-z-à l'école apprendre mes leçons ! Je serai sage comme un petit mouton ! »

Bien évidemment qu'il lui faudra apprendre ce que J. Salomé appelle « les règles d'hygiène relationnelle ». Mais, lui laisse-t-on un espace pour « être » réellement, pour être cette particule de la Source qui, comme tout un chacun, enrichit l'humanité ?

## Le sacro-saint pouvoir médical

Dans la tête de beaucoup de nos concitoyens, le médecin a fait des études et, par là même, il sait ! Comme disait une consœur « Docteur-Papa-Dieu ».

Il sait de quoi je souffre, il sait comment nommer le mal. Il sait m'en débarrasser. Il a le pouvoir de m'imposer un traitement. À l'occasion, il sait chez quel spécialiste m'envoyer. Éventuellement, il m'annonce que c'est psychosomatique. Il sait surtout me cataloguer : diabétique, hypertendue, cancéreuse, etc. Cela signifierait-il que je suis définie par une maladie ? Un diagnostic ? Un pronostic vital ? Je ne suis donc plus, en premier lieu, une humaine, mais une malade ? Une cliente potentielle de l'industrie pharmaceutique ?

Serait-ce cela qui incite certaines personnes à se plaindre continuellement de tel ou tel bobo sans jamais s'intéresser à autre chose ou à quelqu'un d'autre ? J'ai parfois l'impression qu'il est des gens qui ne sont pas vivants s'ils ne sont pas malades... Désolée, j'extrapole peut-être !

Le médecin a, certes, fait de longues études afin de comprendre les mécanismes du corps humain. Il a appris à manipuler certaines technologies, soit. Il a également appris à interpréter des résultats d'analyse à partir d'observations, de statistiques, de protocoles...

Mais quelle place laisse-t-il à la Vie, à ce courant d'énergie qui fait de chaque être humain un être spécifique ? Quelle place laisse-t-il au « hasard », à l'intuition, à ce qu'on appelle et qualifie arbitrairement de subjectif ?

Le patient n'est-il donc qu'un objet animé qui dépose, devant l'homme de l'art, ses symptômes ? Et le rôle de ce dernier se cantonne-t-il à une liste de médicaments à chercher à la pharmacie qui se fait payer par la caisse primaire d'assurance maladie ? N'avons-nous donc aucune compétence pour comprendre et entretenir notre corps ? Et même si nous avions cette compétence, lorsque nous arrivons à sa limite, n'y a-t-il aucune autre voie possible que la chimie ou la chirurgie ?

Revenons à la notion de santé : état de complet bien-être physique, mental et social.

J'ai, un jour, participé à une émission dans une télévision locale. À la fin de l'enregistrement, alors que je quittais le plateau, la présentatrice, une femme charmante, me dit :

— C'était super ! Revenez quand vous voulez si vous avez un sujet à proposer.

Ravie, je lui propose de partager mon expérience relative à ma maladie de lime. À quoi, elle me répond :

— Ah non, ce n'est pas possible, à moins que vous ne veniez accompagnée d'un médecin, je n'ai pas le droit d'aborder un sujet de santé.

Là, m'a sauté aux yeux quelque chose que je partageais depuis longtemps à mes patientes : le mot santé, dans le langage courant signifie maladie !

Cela fait très longtemps qu'il n'est absolument plus question de prévention dans le monde médical conventionnel, mais uniquement de dépistage.

La notion de prévention, d'après google, décrit l'ensemble des actions, des attitudes et comportements qui tendent à éviter la survenue de maladies ou de traumatismes ou à maintenir et à améliorer la santé.

Toujours d'après la même source, le dépistage est un ensemble d'examens et de tests effectués au sein d'une population apparemment saine afin de dépister une affection latente à un stade précoce.

Autrement dit :

– Prévention signifie tout mettre en œuvre pour être et rester en bonne santé,

– Dépistage signifie rechercher des maladies.

Dans le langage populaire, il est dit « qui cherche trouve »...

La santé est vraiment hantée par la maladie autrement plus rentable économiquement...

## Lasse, Hantée est la Santé !

**Mais qu'en est-il du pouvoir de l'être humain sur lui-même ?**

N'est-il donc plus considéré que comme un consommateur ?

- Consommateur de nourriture
- Consommateur de vêtements et d'accessoires
- Consommateur de cosmétiques
- Consommateur d'ustensiles
- Consommateur de moyens de transport
- Consommateur de culture
- Consommateur de divertissements en tous genres
- Consommateur de produits en tout genre
- Consommateur de médicaments
- Consommateur de...

La liste est non exhaustive !

Ne parle-t-on pas de notre « pouvoir d'achat » qui serait le nerf de la guerre de notre société ?

Sans argent, comme l'a dit quelqu'un que je n'ai pas envie de nommer, nous ne serions rien ?

Cela m'a menée à chercher la définition de l'être humain.

J'ai choisi la définition de Wikipédia que je vous partage :

*« **Homo sapiens**, plus communément appelé **"homme moderne", "homme", "humain", ou "être humain",** est une espèce de primates originaire d'Afrique qui s'est aujourd'hui répandue et naturalisée sur l'ensemble de la planète hormis l'Antarctique. Il appartient à la famille des hominidés et est le seul représentant actuel du genre Homo, les autres espèces étant éteintes. Les plus anciens fossiles connus de cette espèce, découverts sur le site marocain de Djebel Irhoud, sont datés d'environ 300 000 ans.*

*Parmi les hominidés actuels, il se distingue du point de vue physiologique par un mode locomoteur au sol exclusivement bipède, son cerveau plus volumineux et sa pilosité moins développée. Il faut ajouter à ces critères l'existence d'une ménopause chez la femme, rare chez les autres hominidés.*

*Du point de vue de l'éthologie, et par rapport au reste du règne animal, l'Homo sapiens se distingue par la complexité de ses relations sociales, l'utilisation d'un langage articulé élaboré, transmis par l'apprentissage, la fabrication d'outils, le port de vêtements, la maîtrise du feu, la domestication de nombreuses espèces végétales et animales, ainsi que l'aptitude de son système cognitif à l'abstraction, à l'introspection et à la spiritualité. Certaines de ces caractéristiques étaient partagées par d'autres espèces du genre Homo.*

*Plus généralement, il se distingue de toute autre espèce animale par l'abondance et la sophistication de ses réalisations techniques et artistiques, l'importance de l'apprentissage et de l'apport culturel dans le développement de l'individu, mais aussi par l'ampleur des transformations qu'il opère sur les écosystèmes. »*

Accessoirement cette définition est donnée par l'humain lui-même... Je ne peux m'empêcher de le croire prétentieux.

Nous serions donc une « espèce de primates ». D'accord ! En d'autres termes, comme les autres espèces animales, nous faisons partie de la nature, de notre planète la Terre.

Dans nos sociétés basées sur l'économie, dans lesquelles nous nous croyons être une espèce évoluée, quelle part, quelle attention, quel respect portons nous aux autres espèces animales, mais aussi végétales et minérales et surtout à notre planète mère qui mérite largement une majuscule : la Terre ? Je ressens que l'humain exploite la terre comme si elle était son esclave... nous en sommes toutes et tous responsables, dans la mesure où nous sommes tellement engoncés dans notre fonctionnement sociétal que, même si nous réfléchissons à notre façon de vivre, nous sommes remplis d'incohérences. Il suffit pour cela d'élargir un peu notre vision d'une journée : tous nos besoins en nourriture, cosmétiques, vêtements, énergie pour faire fonctionner tous les appareils qui nous paraissent indispensables (électro-ménagé, média, locomotion...), etc.

Dans la définition ci-dessus, il est également question de « abstraction, introspection et spiritualité ». Que savons-nous à ce sujet des autres espèces animales ?

Et quelle est la place que l'humain d'aujourd'hui donne ou plutôt laisse à ces aptitudes ?

De formation médicale (sage-femme), ayant « viré » dans les techniques énergétiques (entre autres : sophrologie, médecine traditionnelle chinoise), je pratique cela sur moi et pour d'autres depuis plus de 30 ans.

J'expérimente tous les jours que l'être humain est un tout : un corps, un esprit, un psychisme et… disons… une âme (tu peux remplacer ce mot par autre chose s'il te choque).

Cet être humain est constamment en interrelation avec son entourage, à tous les niveaux :

– Le corps vit dans un lieu, dans un climat, sur la planète terre, à une saison…

– L'esprit est en relation avec tout ce et tous ceux qui font réfléchir la personne…

– Son psychisme avec son histoire, ses relations humaines et surtout ses émotions…

– Son âme avec ce qui donne (ou pas) sens à sa vie…

Dans le cas d'une pathologie physique, c'est le corps qui exprime le « mal a dit ». Cela peut être dû à un virus par exemple. Mais le virus ne sera néfaste que si l'immunité est mauvaise. Cette immunité étant liée à l'ensemble du fonctionnement « corps, esprit/psychisme, âme ».

Durant la récente crise dite sanitaire, on nous a fait croire que nous étions tous de futurs malades et que la seule barrière entre le futur malade et le virus est d'ordre physique : un virus qu'il faut, à tout prix, empêcher de rentrer dans le corps ! Soit !

Admettons que nous portions le masque ! Et qu'il soit efficace pour enrayer la propagation du virus.

Il nous reste encore : nos esprits, nos émotions et le sens que nous donnons (ou pas) à notre vie…

Si, dans la rue, nous ne voyons plus personne sourire (difficile à voir derrière un masque), si nous ne faisons plus de câlins à ceux qui nous sont chers, si nous ne nous réunissons plus pour passer un bon moment ensemble notre corps sera-t-il toujours capable de faire son immunité ?

Quelle incongruité de nous imposer un masque sur le nez et une limite de durée de sortie lorsque la pathologie est respiratoire ? Je ne sais pas comment vous avez vécu cela, mais depuis toute petite, j'ai appris que lorsque j'ai le rhume, je ne m'approche pas trop près des gens, je protège ma bouche pour tousser et éternuer et je me lave plus souvent les mains. Je ne savais pas que cela était du ressort d'un gouvernement de me l'apprendre...

Il est vrai que j'habite à la campagne et que les décideurs sont des citadins. Probablement ces derniers ne connaissent-ils pas la campagne... ? Cela me paraît même évident ! Voilà que me vient une idée : faudrait-il leur proposer de venir vivre à la campagne durant un cycle annuel ? Peut-être découvriraient-ils que l'humain peut avoir un certain rapport à la nature ? Peut-être découvriraient – ils que le campagnard provincial n'est pas un humain attardé ?

Je me posais la question de la définition de la « santé publique ». Je viens de la trouver dans le dictionnaire Larousse. Je t'invite à y jeter un œil, c'est possible via Google.

Je mettrai en annexe de cet ouvrage le plan de cet article. Il est rempli de bon sens. On y parle des facteurs sociaux et politiques, de l'urbanisation, de la pollution, des mentalités collectives de la vision du corps et de la mort.

Je cite : « À chaque stade de son développement, une société se caractérise par une vision particulière du corps et de la mort ; en partie explicite, en partie inconsciente, cette vision conditionne le comportement des individus dans la vie quotidienne, et influe donc sur leur rapport à la maladie. Cette dimension subjective du problème est importante. »

Au risque de me répéter, lors de cette fameuse crise soi-disant sanitaire, les mesures imposées par nos « gouverne et ment » comme l'instauration de la peur et de la culpabilité, l'interdiction de sortir, les distanciations sociales (expression française née pendant cette période) non seulement n'étaient pas très judicieuses quant à la bonne santé publique, mais favorisaient réellement la propagation, si ce n'est du virus, du moins de la peur qui engendre l'agressivité qui engendre des relations sociales houleuses, etc.

Me vient là un autre sujet de réflexion : il me semble que, dans le domaine médical, la mort est considérée comme un échec. L'échec d'un traitement qui était sensé guérir, je veux bien. Mais il me semble que notre passage sur terre est limité, que notre corps arrivera d'une façon ou d'une autre à la fin de son existence. Cela signifierait-il que toute vie sur terre se termine par un échec ?

J'avoue que cette idée ne me convient pas réellement !

Pourrait-on imaginer mourir en bonne santé à un âge avancé ?

J'aime l'idée que vieillesse rime avec sagesse.

Je suis également convaincue que je suis seule et entièrement responsable de l'état de mon corps.

J'ose croire aussi que, si j'étais capable de lui procurer toutes les attentions dont a besoin mon corps, ce dernier pourrait fonctionner aisément plus longtemps que les quatre-vingts à cent années que nous lui offrons. Dans ce cas, la seule usure, qu'il porterait, serait constituée des rides relatives à la panoplie d'émotions qui l'ont traversé.

# Chapitre 5 – À l'EHPAD

Pour info : qui sont les résident(e)s d'EHPAD ?

Hé ben, ce sont des gens comme toi qui me lis, comme moi, comme tout le monde, à ce détail près qu'ils vivent la dernière tranche de leur vie terrestre.

Des hommes, des femmes, bref des Humains.

Ils ont été des enfants plus ou moins bienvenus, plus ou moins aimés, plus ou moins obéissants, plus ou moins garnements. Ils ont été scolarisés plus ou moins accompagnés, plus ou moins entendus, compris, reconnus, soutenus. Ils ont grandi. Ils ont espéré, aimé, travaillé, peiné, se sont amusés... Ils se sont sentis heureux, malheureux, aimés, amoureux, déçus, fiers, honteux, trahis, entourés, seuls, riches, pauvres, reconnus, rejetés... Ils ont peut-être eu leur moment de gloire ou de honte... Ils ont parcouru leur chemin de vie selon leurs moyens familiaux, matériels, émotionnels, créatifs, sociaux et tous les aléas qui en découlent... Ils ont lié leur vie à une autre personne ou pas, à une communauté ou pas... Une seule fois ou plusieurs fois... Ils ont une descendance ou pas... Comme pour tout ce qui a trait à notre histoire, pour eux également, ce qu'ils ont vécu est leur définition de « la vie ». Tout cela occupe une chambre de « résident ». Ils se sentent souvent seuls dans ces établissements, seuls parce qu'ils s'attachent à ce qu'ils ont connu et qui n'existe plus que dans leurs souvenirs. Seuls également parce qu'ils pensent (à tort ou à raison) qu'après tout ce qu'ils ont vécu, il n'y a plus d'à venir. Seuls parce qu'ils n'ont plus de projets. Seuls parce que leur espace se restreint en fonction de leur état physique ou émotionnel...

Il me semble également que (presque) tous passent par un moment de bilan de leur vie qu'ils jugent à partir de leurs valeurs et croyances. Ces valeurs qui, pour certains, sont restées les mêmes depuis leur plus tendre enfance alors que d'autres en ont remis certaines, beaucoup ou toutes en question. Ces croyances relatives à un au-delà ou pas, à un jugement plus ou moins sévère d'un être suprême ou pas, à un système de récompense/punition ou pas... qui génèrent plus ou moins de sérénité ou de peur.

Chaque personne a tout loisir de se préparer à sa mort. Oui, il faut bien prononcer le mot : la mort ! Tellement tabou dans notre société qu'elle ne peut qu'engendrer des angoisses. La mort, « l'âme or » est le nom que nous donnons à ce moment où notre corps a terminé sa mission sur terre, comme nous appelons « naissance », « n'est sens » ou « naît en ce (la) » le moment de notre arrivée. Deux événements majeurs dans la vie d'un humain sur terre. Le sujet étant, je le répète, encore bien tabou, il est souvent non dit, voir refoulé, ce qui n'aide ni à la tranquillité de l'esprit, ni à la sérénité des relations.

Pourtant ils se retrouvent dans une communauté que quelques-uns ont choisie, mais la grande majorité y a été « placée ». Pour qu'il y ait communauté, il faut du lien entre les différents membres. Là se situe parfois (souvent) la difficulté. Les personnes ne se sont pas choisies. Elles se retrouvent sous le même toit que... des inconnus, des connaissances plus ou moins appréciées. Elles peuvent retrouver des personnes qui ont traversé leur vie ou avec lesquelles elles ont partagé une tranche de vie... tout cela peut être enthousiasmant ou rebutant... Elles peuvent également avoir des idées préconçues par rapport à des gens dont elles ont ouï dire... Lecteur, lectrice, s'il te plaît, ne les juge pas ! Quel être humain n'a jamais réagi ainsi ?

Qu'ont tous ces êtres en commun ? Ils sont humains.

Ils ont une longue histoire de vie dont ils sont les auteurs et ceci est leur vérité.

Ils ont besoin d'aide pour certains gestes du quotidien, une résidente me confiait récemment que cela est humiliant.

Je la comprends, même si je suis persuadée que c'est fait avec beaucoup de respect de la part du personnel.

Certains ont toujours tout organisé, géré, décidé eux-mêmes. D'autres ont été aidés, secondés ou assistés...

Dans ces établissements, tout ce qui est des obligations quotidiennes d'une vie est pris en charge par le personnel. Cela est sûrement un soulagement, mais cela n'incite pas à entreprendre, à agir...

Je pose une autre matière à réflexion : comment pourrait-on procéder de manière à soulager ces personnes des « corvées » trop lourdes pour elles tout en leur permettant d'être « actives », de se sentir un peu utiles selon leurs possibilités physiques et cognitives du moment ?

Depuis l'ouverture de cet établissement, j'anime une fois par semaine, un atelier appelé « chorale ».

Je suis là avec mon accordéon.

Des bénévoles distribuent les textes des chansons aux résidents et nous chantons, tous ensemble, des chansons de « dans le temps », accompagnées de mon instrument.

Quand est arrivée l'annonce du premier confinement, en mars 2020, je n'ai rien compris. Je pense que je n'étais pas la seule.

Les infos sont tombées en pluie durant la séance chorale. Je me souviens du directeur faisant du yoyo entre son bureau et le reste de la maison à chaque nouvel ordre. Je l'ai ressenti (le directeur) comme sous le joug d'ordres impérieux pour une question de vie et de mort. Sans trop savoir quel en était le motif réel.

Une histoire de virus !

Bien sûr, j'ai eu l'ordre de ne pas revenir le vendredi suivant. La maison serait confinée. À part le personnel strictement indispensable, plus personne n'y entrerait.

À ce moment, il n'était pas encore question de confinement en chambre. Mon cœur a chaviré à l'idée que les résidents n'auraient plus cette étincelle dans les yeux que je détecte chaque vendredi, à la fin de la séance.

Mon cœur et mon cerveau se sont alors donné la main pour déclarer :

— Nous n'avons plus le droit d'entrer, soit ! Alors nous ferons une animation « derrière les carreaux » !

C'est ainsi que la semaine suivante, grâce à une météo magnifique, au soutien d'une dizaine de choristes extérieurs et à la bienveillance du personnel et de la direction, l'animation a eu lieu dans le jardin pour nous. Les résidents étaient installés, à l'intérieur, le long des espaces vitrés du rez-de-chaussée.

Ce que nous ne savions pas encore, à ce moment, c'est que ce serait la dernière fois avant un long moment !

Le pire est arrivé ensuite.

Imagine :

– Tu as la plus grande partie de ta vie derrière toi,

– Tu es (le mot a été prononcé par un résident) emprisonné dans une quinzaine de mètres carrés, aussi confortables soient-ils,

– Ton unique distraction est un téléviseur qui égraine, à tout moment, le nombre de morts,

– Les seules personnes qui entrent dans ta chambre sont déguisées en cosmonautes dont on ne voit que les yeux !

Pour les fréquenter régulièrement et depuis longtemps, je sais que tous les membres du personnel se sont donné à... 500 %... 1000 % de leur bienveillance, de leur attention, de leur empathie. Mais cela ne remplacera jamais les relations avec la famille et les proches !

Sans parler de la peur tellement magnifiquement instaurée par la haute autorité de santé :

– Pour les résidents, peur de mourir et surtout de ne plus revoir leurs proches

– Pour le personnel, peur d'être contaminé, peur de contaminer à l'intérieur de l'établissement et de contaminer à l'extérieur.

– Culpabilisation de tout le monde si quelqu'un venait à mourir.

**Ah, la peur de la mort additionnée à la culpabilité de faire mourir !**

Quel outil détonnant pour faire admettre tout et n'importe quoi !

Dans une société où tout le monde doit rester jeune et productif !

Dans une société où le verbe ralentir est aussi tabou que le verbe mourir !

Dans quelle société vivons-nous ?

Celle qui interdit aux familles de tenir la main à leurs anciens !

Celle qui les laisse mourir (plus souvent de chagrin que d'infestation du fameux virus) avec, pour seul accompagnement, du personnel soignant accablé par la charge de travail et ses propres émotions, sans contact avec les proches. Une soignante m'a raconté qu'elle tenait, d'une main, la main de la personne mourante et de l'autre le téléphone pour faire le lien avec les proches. Et surtout, ne me dis pas qu'heureusement le téléphone existe ! Pour moi, cela fait partie du virtuel en ces circonstances : comme on fait un jeu dans lequel le personnage meurt s'il n'atteint pas son objectif ! Je te rappelle que nous sommes des humains, nous fonctionnons grâce à nos sens : le toucher, l'ouïe l'odorat, le goût, la vue. Cela aussi fait partie de notre expérience à l'approche de la mort.

Une société qui limite strictement le nombre de personnes qui accompagneraient un défunt lors des funérailles !

Tout cela pour une raison de contagion excessive, mais qui, par ailleurs, permet aux gens de s'entasser dans des transports en commun où, finalement, la contagion n'a pas été aussi virulente qu'elle était censée être dans certaines institutions…

**À ce moment-là, toutes sortes d'émotions m'envahissaient.**

J'étais dans mon confinement que je qualifie de luxueux : j'habite dans un hameau, en pleine nature.

J'étais impuissante alors que d'autres s'exténuaient autant physiquement qu'émotionnellement. J'étais également remplie, non, je débordais d'une colère sans bornes : de quel droit, au nom de quelle sécurité, imposer cela à nos anciens ?

Alors, avec mon piètre amateurisme, j'ai fait quelques vidéos que l'animatrice a montrées aux résidents, un par un... Imaginez un peu le temps que cela lui a pris, chaque résident individuellement..... Et pour chaque résident, cela ne durait jamais que quelques petites minutes !

J'envoyais, une fois par semaine, un message au personnel pour leur dire mon soutien, de préférence avec une note humoristique pour entretenir leur moral.

Puis, il y a eu les morts, trop de morts, en trop peu de temps. Mon humour est tombé à plat, voire était franchement déplacé.

Alors, à défaut de pouvoir aider les autres, avec la collaboration de mes amies thérapeutes, appelées malicieusement les soeurcières, j'ai approfondi le travail sur moi. Comme dit le sage : change en toi ce que tu voudrais voir changer autour de toi ! Ceci sera approché dans un autre chapitre.

Je ne sais plus trop combien de semaines cela a duré. Jusqu'au jour où le directeur m'a contactée me demandant de leur apporter « de la Vie » !

La météo étant toujours de la partie, j'ai repris mon accordéon et j'ai joué la sérénade devant chaque fenêtre. L'animatrice passait dans les chambres, ouvrant la fenêtre et approchant les résidents pendant que je jouais leurs airs préférés.

Là, c'était bonheur et intense tristesse qui s'emmêlaient en moi. Je sentais que je leur amenais un peu de vie du dehors, tout en réceptionnant, pêle-mêle, leur gratitude, leur immense tristesse, incompréhension, voire désespoir.

De mon point de vue, je me sentais à nouveau un peu utile, mais c'était l'étape la plus difficile physiquement. J'avais, à ce moment, 64 ans, mon accordéon pèse 15 kg et mon dos a quelques faiblesses.

Durant cette période, un résident, à qui j'avais demandé ce qu'il aimerait que je lui joue, m'a répondu : du classique.

Je suis encore emplie de gratitude envers lui en pensant à ce moment pourtant fugace.

La musique classique jouée à l'accordéon, certes originale, a accompagné toute mon enfance et mon adolescence, puis est tombée dans mon oubli.

J'ai donc ressorti mes partitions dont certaines étaient vieilles de plus de 50 ans.

Je pensais avoir perdu en agilité des doigts, mais j'avais omis que la vie m'a beaucoup appris en relâchement et souplesse tant physique que psychique. Quelle ne fut pas ma surprise de constater que, l'un dans l'autre, j'étais peut-être meilleure musicienne qu'à l'époque de mes 18 ans ! Moyennant quelques heures d'entraînement, j'ai retrouvé une grande partie de ma virtuosité avec, évidemment, le défilé de toutes les émotions qui vont avec.

Me sont revenus, pêle-mêle, mes souvenirs enfouis de « petite fille studieuse » qui veut plaire à ses parents :

– Mes demi-heures quotidiennes d'exercices, de déchiffrages et de rabâchage de partitions,

– Mes stress les jours de concours,

– Mes déceptions lorsque le résultat n'était pas à la hauteur de mes attentes,

– Ma fierté, et surtout, celle de mes parents, lorsque l'objectif était atteint…

Mais aussi mes souvenirs d'adolescente :

– Les répétitions de quintet, de quatuor,

– Mes premiers émois de partager une partition avec un garçon qui ne me laissait pas vraiment indifférente,

– La fierté d'apporter par la musique un peu de bonheur dans des institutions,

– Le plaisir de jouer dans un groupe pour faire des animations…

– Jusqu'à ma rencontre avec le monde chorale et mes premiers stages de direction de chœur.

C'est grâce à cette période et surtout à ce résident qui m'a demandé du classique, que j'ai pu me relier à une autre partie de « moi-m-aime ».

Puis, un jour, avec la direction, nous avons décidé que j'entrerai à nouveau dans le bâtiment, comme un membre du personnel mais sans contact direct avec les résidents.

J'ai, ainsi, enfilé une tenue de soignante, je me suis masquée, « charlottée », déguisée et j'ai fait du porte-à-porte dans le couloir, toujours avec mon accordéon.

J'avais maintenant, en plus de mon répertoire habituel, une série d'ouvertures d'opérettes et quelques pièces de Bach et Haendel. Les résidents étaient toujours confinés en chambre. De la « fenêtre à fenêtre » extérieure, je passais au porte-à-porte intérieur. La distance s'était raccourcie et m'a permise, à nouveau, de déceler ce mélange d'émotions : des regards inquiets, certains proches de la sidération, voire vides et le plaisir de voir et d'entendre de la musique faite par une personne en chair et en os, même si elle ressemble aussi à un cosmonaute.

La première matinée de la sorte, maintenant que j'y pense, avec le recul, ressemblait à l'ouverture d'une volière contenant des oiseaux affolés par une éventuelle future liberté. Un peu comme si les résidents s'étaient résignés à terminer leurs jours seuls dans leurs chambres respectives.

Petit à petit, les portes des chambres ont été ouvertes. Les résidents, sur le pas de leur porte, à l'intérieur, se penchant en avant, sur leur fauteuil, faisaient un signe de la main à ceux de la chambre d'en face. Puis quelqu'un s'est mis à chanter avec moi !!

Et la magie a opéré !

Le déferlement des émotions fortes, poignantes mais finalement positives est difficile à traduire en mots !

Une dame, qui n'était pas sortie de sa chambre depuis bien longtemps avant le confinement, s'est risquée dans le couloir en chantant, la larme à l'œil, l'Ave Maria que j'étais en train de jouer.

De semaine en semaine, l'atmosphère s'est progressivement détendue. Il a fallu rassurer des personnes qui craignaient de sortir de leur chambre.

Puis, nous avons retrouvé notre atelier chorale avec un quelque chose de plus ; un peu comme si chacune et chacun jouissaient au maximum de ce moment de convivialité.

Depuis toujours, j'étais convaincue que cette animation est thérapeutique. Depuis cet épisode, il a une magie supplémentaire, comme un hymne à la Vie !

Pourtant, il restait des blessures : tellement d'émotions se sont rajoutées et ont certainement amplifié toutes les émotions bloquées de toute vie humaine.

C'est ainsi qu'est née...

# Chapitre 6 – PLum'Hier

Comme la Plume, elle est légère et diffuse de la légèreté.

Comme Hier, elle sait que le passé a eu lieu et qu'il laisse des traces.

Comme la Lumière, elle désire éclairer, illuminer sans éblouir la Vie d'aujourd'hui.

PLum'Hier déambule dans les couloirs, parfois elle se retrouve soudain dans une chambre… au hasard de la diffraction de sa lumière ou des harmoniques de sa voix. Elle porte une robe solaire, des plumes dans les cheveux, un drôle de nez de couleur différente selon les jours, un masque (période oblige) transparent sur le nez et la bouche. Son sac à malices sur les épaules est rempli d'objets hétéroclites dont la plupart sont sonores si l'on sait s'en servir.

J'ai omis de te dire que PLum'Hier est un peu magicienne : elle capte des regards, quand la magie opère, quand l'âme agit, il arrive que des étincelles de lumière naissent dans un regard éteint. Parfois elle chante. Ça, impossible de l'en empêcher ! D'autres fois, elle partage des poésies : quelle magie lorsqu'un vers, appris dans l'enfance, vient frapper à la porte d'un cerveau fatigué ! Que de souvenirs qui rejaillissent ! Que d'émotions qui s'expriment dans un geste, un regard !

Des larmes et des fous rires partagés…

Encore plus fort : un échange de regard qui dure…

Et parfois, elle EST simplement avec une personne assise, couchée, debout ou en déambulation, les deux expérimentent le fait d'Être tout simplement. D'Être dans l'instant présent, d'Être dans cet « Unstemps » qui est un présent, un cadeau.

PLum'Hier peut aussi agacer, mais là encore, elle aura rempli son rôle de « détective émotionnelle » !

Détective émotionnel ! Détecter les émotions bloquées, celles qui sont cachées peut-être... Mais, surtout, ne pas toucher aux émotions récalcitrantes ! Ces dernières demandent particulièrement de tact ou plutôt de connexion à l'essentiel, « l'essence ciel ». Elles sont tellement sensibles qu'elles ne peuvent se dévoiler qu'en face d'une vibration particulièrement bienveillante et compréhensive. Or, j'avais omis de te dire que PLum'Hier, même si elle est un peu magicienne, même si la plupart du temps c'est son « Âme Agit » qui s'exprime, il peut malgré tout arriver qu'elle soit simplement humaine et que, elle aussi puisse être touchée dans ses émotions récalcitrantes... Dans ces cas, elle a une comparse inté-rieur ! Oui oui, tu lis bien : une comparse en dedans d'elle qui fait la clown ! Sa clown, oui Dame Clown, va trouver une entourloupette saperlipopette qui permette de la faire rire « elle-m-aime » de ses propres faiblesses.

Si tu me promets d'être discret, de tenir le secret, je te fais une « confi danse »... Tu me promets ? Tu n'en parleras à personne ? Ni même non plus pas aussi à quelqu'un ? T'es sûr, hein ? C'est promis ?

Alors j'peux t'le dire ? Ben, PLum'Hier, dans son « intérieur », dans son dedans quoi, ben elle a toute une démocratie ! Si je t'assure ! Dans son dedans, elle n'est pas seule du tout ! Y a un de ces mondes ! Mais elle ne veut surtout pas que ça se sache, sinon on la prendrait pour une folle ! Et ça, ce n'est absolument pas vrai ! Elle n'est pas folle du tout ! Bien au contraire, elle fait de son mieux pour laisser s'exprimer chaque membre de sa démocratie quand c'est le moment. Et c'est elle la présidente, tu vois ? Donc, quand la présidente se sent touchée dans ses émotions récalcitrantes, elle convoque sa Clowne. Ce que je voulais te dire, c'est que sa Clowne s'appelle Plume ! C'est joli Plume ! Elle est légère comme son nom et sait faire s'envoler toutes les émotions, même les récalcitrantes !

Mais... chut !

# Chapitre 7 – Coup de gueule

Durant cette période, j'ai éprouvé le besoin de pousser mon « coup de gueule » : Que tu penses, du fond de ton cœur, que le masque était une forme de respect envers les autres ou, au contraire un symbole d'asservissement, cela te concerne, Toi, personnellement.

Ce qui m'a fait réagir le plus violemment, c'était ce que nous faisions subir à nos anciens : confinement, en chambre dans les EHPAD, pour soi-disant les protéger !

Attention : je ne remets pas en cause les EHPAD ni leur personnel ! Bien loin de là, ils ont été eux-mêmes victimes de ces directives gouvernementales ! Je me pose, aujourd'hui, la question de savoir comment les personnels de la Haute Autorité de Santé, puis des Agences Régionales de Santé ont pu faire passer des injonctions aussi inhumaines... N'y a-t-il là que des administratifs ignorants complètement ce qui se passe sur le terrain ? Ou sont-ce des humains tellement englués dans la peur que les ordres des supérieurs sont les meilleures solutions, à défaut de pis aller ? Rassure-moi : ce sont bien des humains... ? !

Comment pouvions-nous accepter de laisser nos anciens isolés dans une chambre, avec pour seul contact humain une personne dont on ne voit que les yeux et ceci pendant des semaines, voire des mois, dans certains endroits ?!

Mets-toi à leur place et essaye de ressentir ce qu'ils ont pu vivre...

Crois-tu réellement que cela les a protégés ?

Alors, personnellement, je n'ai fait que ce que je pouvais, à savoir leur apporter un peu de réconfort à ma façon !

Je n'ai le charisme ni d'un lanceur d'alerte ni d'un maquisard, mais j'aimerais, au moins, qu'un maximum de gens prenne conscience que nous étions en train d'étouffer ce qu'il nous restait d'humanité…

Pour mon âme, ce n'était juste pas concevable…

Imagine également l'ambiance, pour les résidents comme pour le personnel, lorsqu'une personne décédait (parfois plusieurs dans la même journée), que les pompes funèbres arrivaient, mettaient le corps (sans toilette mortuaire) dans le sac plastique, faisaient glisser la fermeture puis le déposaient dans un cercueil et actionnaient la visseuse…

Je te laisse imaginer le fond sonore.

Et toutes ces familles qui, non seulement, n'ont pas pu accompagner comme il se doit leur proche ni honorer son corps et qui légitimement pourraient se poser la question de savoir si c'était bien leur parent dans ce cercueil…

Il a été dit « Nous sommes en guerre »… il me semble que cela a probablement été vécu ainsi pour ces familles…

# Chapitre 8 – La vie sur terre

Ça y est : Il a été décidé qu'à partir de lundi prochain, le pass sanitaire sera obligatoire en France.

Et si tout se poursuit comme cela se passe depuis longtemps, la grande partie de la population va obéir.

C'est le moment que je choisis pour relire mon journal d'un confinement.

Avant d'aller en voir le détail, j'éprouve le besoin de m'exprimer MAINTENANT.

Deux années, vingt et un mois exactement pour apprendre à vivre sans avenir, ni à très court terme ni à moyen terme.

Sans « à venir », car, quel que soit le projet qui me ferait vibrer, il peut à tout moment être giclé, explosé, rayé, effacé, au mieux reporté en fonction des lubies de notre « gouverne et ment ».

Oh comme j'exagère !

Il nous reste la sphère privée !

Combien de temps jusqu'à ce que cette « masque à rade » soit démantelée ?

Je sens bien que quelque chose en moi a pris de la force, de la consistance, de la puissance. Même si les creux de vagues existent, quel chemin parcouru grâce à cette période de mensonges, manipulations éhontées, perversité des uns et crédulité des autres !

Finalement, je suis très fière de ma stabilité, du chemin parcouru vis-à-vis de « moi-m-aime », de la compréhension de la Vie et de ma confiance en Elle et en moi !

Un énorme MERCI à Rémy et à mes « Soeurcières », de plus en plus nombreuses, pour leur soutien et tous les partages qui nous font tant avancer mutuellement.

Je suis à deux doigts d'accepter l'idée que j'ai déjà vécu dans les étoiles et que j'ai mon rôle à jouer dans cette période charnière de l'humanité...

S'il est une réalité non négligeable, c'est qu'une grande masse de la population terrestre est encore sous l'emprise de ces personnes, aux différents pouvoirs sur les populations, dont la plus grande valeur, voir la seule des valeurs est l'argent.

Il y a une autre réalité : de plus en plus d'humains s'éveillent. Ils s'éveillent à leur conscience d'Êtres intuitifs, à toutes ces capacités qu'a l'humain d'Être en Santé, d'Être en Joie, d'Être en Chemin vers la meilleure version de lui-même.

Au moment où j'écris cela, j'ose espérer que nous sommes là dans le même objectif ou le même idéal : montrer que la race humaine est une et capable de vivre en bonne harmonie avec « elle-m-aime » et avec Tout le Vivant.

J'aimerais tant avoir le souvenir que, ici ou ailleurs, actuellement ou en d'autres temps, cela existe !

Cela se passe maintenant, s'est toujours passé maintenant et se passera toujours dans le même « maintenant », le même « Unstemps » !

Si j'en crois ce que j'ai écrit précédemment, cela signifierait que nous nous souviendrions des prémices de notre arrivée sur cette Terre.

Nous nous souviendrions :

– Que nous faisions toutes et tous partie de cette même Source,

– Que nous sommes toutes et tous formaté(e)s

– Et qu'un formatage n'est pas une réalité, mais seulement un jeu !

– Un jeu !

– Pas Je !

La vie sur terre ne serait qu'une immense pièce de théâtre, dans laquelle nous ne ferions que jouer un rôle.

Ainsi, notre Source d'Origine correspondrait à notre essence, notre composante Amour/Lumière. Les coulisses seraient ce moment où nous « atterrissons » étymologiquement ce moment où nous arrivons sur terre et endossons notre corps d'humain, notre rôle d'acteur...

Mais quelle conscience avons-nous ?

Quelle conscience avons-nous de ce qui se passe réellement ? De ce qui se joue ? Au niveau de notre planète qui semble être la limite de ce que nous pouvons percevoir ?

Quelle conscience avons-nous de notre puissance ? De notre pouvoir d'Humain ?

Je pense à l'arrivée de la technologie dans ma profession de sage-femme. Certes, elle a apporté du progrès au niveau de la prévention, notamment concernant l'enfant à naître. Mais elle nous a également poussées à porter notre attention vers la technique, parfois, au détriment de l'humain. J'ose parfois me poser la question de savoir jusqu'à quel moment la technologie, ou plutôt ceux qui l'utilisent, respectent le fonctionnement naturel de la Vie. Oui, je sais, le sujet est brûlant. Cela touche les sujets tels que l'avortement, l'interruption thérapeutique de grossesse, mais aussi l'euthanasie, le suicide assisté... S'il te plaît, cher lecteur, chère lectrice, n'interprète pas cette précédente phrase comme une position de ma part concernant ces sujets et encore moins comme un jugement ! Je m'en sens totalement incapable. Je trouve ces domaines tellement délicats que, pour moi, il n'y a que des cas particuliers !

Nous savons bien que nous n'utilisons qu'une très faible partie de notre cerveau. Si la technologie dite intelligente intervient à notre place, il y a peu de chance que nous entraînions nos cerveaux à développer d'autres fonctions. Pour ne parler que de ce que je connais : notre capacité d'autoguérison ! C'est possible, je l'expérimente depuis plusieurs décennies ! La télépathie ! Pour cela, il s'agit d'entraîner son cerveau droit et de laisser son cerveau cartésien un peu au repos. Or depuis notre plus tendre enfance, nous sommes formatés à l'inverse.

Heureusement, actuellement, les neurosciences arrivent tout doucement à se faire une place…

Il me semble d'ailleurs qu'elles ne font que confirmer des sagesses parfois aussi vieilles que l'humanité. Et nous avons encore besoin de la légitimité via notre « dieu science » !

# Chapitre 9 – NON !

Non ! Comme : je n'obéirai pas !

Ma vérité, celle qui se situe au niveau de ma case de la boule à facettes (cf. Introduction) me donne le droit de refuser une injection dans mon corps.

D'ailleurs la Déclaration universelle des Droits de l'Homme est de mon avis.

D'aucuns voulaient même nous faire croire que notre corps ne nous appartient pas et que c'était un geste altruiste que de se faire piquer ! Pourtant s'il y a bien une chose qui m'appartient réellement, c'est mon corps !

Je n'accepterai pas de me faire injecter un produit sensé me protéger d'une maladie. Surtout si le produit rend contagieux et que ce qui est du premier bon sens m'est interdit, comme sortir à l'air pur le plus longtemps possible ou encore respirer librement, ou que l'on m'incite à la peur et qu'on l'on interdise les relations sociales génératrices de bien-être et de joie.

Non, je ne décide pas cela par égoïsme, bien au contraire.

Simplement la peur de mourir tout comme la culpabilité de faire mourir quelqu'un ne m'atteint pas ou ne m'atteint plus.

Cela fait plusieurs décennies que j'applique ma philosophie de la santé apprise en médecine traditionnelle chinoise. Je l'adapte à la situation actuelle et tout va bien. Je ne serai un vecteur de transmission pour personne ou, du moins, pas plus que quelqu'un qui a été traité avec un médicament contagieux.

Autre chose : trouves-tu normal de devoir montrer patte blanche lorsque tu veux aller au restaurant, au cinéma ou à une manifestation, quelle qu'elle soit ?

Trouves-tu normal de devoir te faire injecter un produit pour être libre d'aller où tu veux ? Libre d'aller ? Et puis, souviens-toi : tu t'es toi-même signé des autorisations de sorties il y a peu ! Je soussigné me donne le droit de sortir de telle à telle heure, d'aller à tel endroit, pour faire ceci ou cela ! Je m'ordonne d'être rentré à telle heure ! C'est caricatural, non ?

Il me semble que nous vivons dans un pays démocratique ? À moins que... je ne sais pas !

Ah oui, c'est vrai ! J'oubliais : il y a une épidémie, euh pardon, une pandémie, due à un virus tellement contagieux que nous ne pouvons plus approcher un mourant, mais qui, par ailleurs se calme dans certains transports en commun. Un virus qui ne circule pas dans les rayons alimentaires des supermarchés, mais qui s'en donne à cœur joie dans les rayons culturels, de bricolage ou de vêtements ! Un virus qui est contagieux lorsque nous sommes debout dans un bar et qui ne l'est plus lorsque nous nous asseyons. Je n'ai plus beaucoup de souvenirs de mes cours de microbiologie, mais, dis donc, ça a drôlement changé depuis ! Je n'en reviens pas !

Toujours est-il que je dis : non ! Et j'assume !

J'expérimente le rejet !

À toutes les personnes qui jugent ma démarche égoïste, inconsciente, voire assassine, je proposerai volontiers de faire une expérience de la sorte.

Pour moi, ce NON avait énormément de conséquences que j'ai assumées. Ne crois pas que je les ai assumées de bon cœur. Ce serait mentir. Je les ai simplement assumées comme on accepte les règles d'un jeu auquel on participe, pour l'occasion contre mon gré.

Je te liste quelques changements que cela a générés dans ma vie :

– Le premier et un des plus difficiles à assumer : je n'ai plus fait aucune animation en EHPAD et pourtant j'ai des outils qui sont particulièrement utiles aux résidents tout comme au personnel surtout durant cette période trouble.

– Il n'était plus question d'aller au restaurant, au cinéma, dans des lieux publics lors d'événements culturels, commerciaux ou autres...

– Je te passe les conciliabules familiaux lors, de ce qui était, des traditions familiales...

– L'impossibilité de faire des projets de sorties en famille...

– La liste est non exhaustive !

Tout cela sans savoir combien de temps cela allait durer.

Tu te dis peut-être : « ben dis donc pour quelqu'un qui s'est plaint des interdictions des relations, c'est le bouquet ! » Si c'est ta vision depuis ta fa7 de la boule, c'est OK. La mienne est autre parce que là, pour moi, c'était un acte politique assumé et j'ose espérer qu'il aura fait réfléchir d'autres personnes, car toujours à mon sens, il en va de l'avenir de notre démocratie.

Dans ce genre de situation, je ne vois que deux solutions :

– S'en plaindre ! D'une part ce n'est pas mon genre et d'autre part, la grande majorité des gens ne comprenant pas ma démarche, il valait mieux me taire !

– Apprendre de cette situation ! Alors j'ai appris !

J'ai appris qu'il existait d'autres personnes qui pensaient comme moi et beaucoup plus que ce que les médias voulaient nous faire croire.

J'ai appris à me tourner encore davantage vers la nature, vers Dame Nature. J'ai appris à vivre l'instant présent, au jour le jour.

J'ai appris à m'adapter et à ouvrir les yeux sur d'autres choses, d'autres sujets, d'autres façons de vivre...

J'ai aussi compris que nous vivons une époque dans laquelle tous nos repères changent, qu'il va falloir se construire une nouvelle base de vie comprenant surtout nos propres valeurs, celles qui nous tiennent à cœur.

J'ai même appris à écrire et faire éditer mon premier livre !

Que de prises de conscience les unes plus édifiantes que les autres ! Cette expérience m'a montré (parce que je l'ai vécu dans tout mon être) comment les personnes âgées peuvent devenir asociales et se réfugier dans leur monde intérieur.

Le confinement était un enfermement imposé qui séparait les gens en deux catégories : les essentiels et les non essentiels. Les premiers corvéables à merci, les seconds invisibles, inexistants, à la limite superflus...

Le NON était une certaine forme de mise à l'écart plus ou moins volontaire.

Cela me fait penser aux retraités qui ont eu une vie de responsabilités, qui, au moment des « grandes vacances », expérimentent une certaine forme d'inutilité et finissent par développer un cancer. Ce sentiment peut-il également conduire à une forme d'enfermement intérieur... une auto exclusion de la société... voire le début d'une démence ?

J'ai toujours aimé les mathématiques et la physique, un peu moins la chimie. Adolescente, je m'imaginais enseigner les matières scientifiques. La Vie en a voulu autrement, puisque c'est le stéthoscope de la sage-femme qui m'a appelée. À cette époque, je faisais une confiance presque aveugle à ce dieu du monde médical (entre autres) qui s'appelle la science.

Ma fascination pour le côté humain, entre autres suite au retour des accouchées, a quelque peu égratigné ma foi dans ce domaine.

La science observe, la science expérimente, la science mesure, la science compare, la science quantifie... soit ! Parfois, elle trouve La Vérité ! Il suffit de parcourir l'évolution des différentes matières scientifiques pour s'apercevoir que leurs Vérités et surtout les injonctions au bas peuple qui en découlent peuvent être à leurs propres opposés selon l'avancement des recherches. J'ai, volontairement, employé l'expression « bas peuple ». Je ne sais pas si tu as déjà remarqué que lorsqu'il est transmis une découverte scientifique au grand public (je préfère cette expression), les érudits en la matière parlent de vulgarisation.

Quand j'étais jeune sage-femme, fière de mon savoir, je trouvais ce mot « vulgarisation » magnifique.

Très vite, pourtant, je l'ai senti condescendant : vulgarisation, vulgaire... étymologiquement à tout le monde, au commun des mortels, avec pourtant cette résonnance « à tous ceux qui n'ont pas d'éducation »... Sont-ce là des résidus de l'héritage de mon complexe de l'ouvrier ?

Aujourd'hui et à la lumière des fameux vingt-et-un mois passés, je me pose la question suivante : les injonctions, faisant suite aux découvertes scientifiques, ont-elles pour objectif :

– Le bien de la population ?

– L'extension de l'expérimentation à une plus grande échelle ?

– Le développement d'une thérapie innovante ?

– ...

Le maître-mot des pseudo-scientifiques ayant été « les chiffres » je me pose beaucoup de questions. Tout le monde sait que l'on peut faire dire beaucoup de choses aux chiffres, aux sondages...

J'ose l'expression « pseudo scientifiques » parce que je ne comprends toujours pas comment il a été possible d'imposer des mesures aussi drastiques sans transmettre (vulgariser !) de débats entre professionnels qualifiés... certains, pourtant mondialement reconnus, ayant été quasiment diabolisés en France...

# Chapitre 10 – Journal d'un confinement

Pour être honnête, ce n'est pas un vrai journal. Dans le sens où je ne vais pas te rapporter mes états d'âme au jour le jour. D'une part, parce que j'en garde aussi un petit jardin secret, d'autre part parce que je n'ai pas écrit tous les jours. Ceci dit, pour moi, c'était une première (depuis mon adolescence) d'écrire plusieurs fois par semaine. En fait, j'ai commencé le troisième jour de confinement ! Cela signifie que j'ai procrastiné pendant deux jours avant de me mettre un coup de pied occulte.

J'ai commencé ainsi : ce confinement sera-t-il l'occasion de travailler ma persévérance ? On verra !

Au jour d'aujourd'hui je n'en ai toujours pas la réponse ! Bien évidemment, cela m'a permis d'avancer sur différents plans vis-à-vis de « moi-m-aime », mais bon !

On ne règle pas tout en même temps ! Ce ne serait même pas drôle ! Si j'atteignais la perfection dans cette vie, franchement, que pourrais-je bien faire ensuite... ?

La situation, de mon point de vue, était très ambivalente. Avant cela, j'étais une retraitée active et voilà que, du jour au lendemain, je suis devenue une retraitée passive. D'une part, je me sentais en vacances, n'ayant plus aucune obligation et habitant à la campagne, c'était plutôt agréable. D'autre part, je savais que les jeunes collègues des EHPAD se tuaient littéralement à la tâche. J'avais des outils qui pouvaient leur rendre service, mais il m'était interdit de les utiliser de par le confinement et du fait que mes outils sont non conventionnels.

J'ai eu beau proposer des séances de relaxation ou d'accompagnement, par exemple, cela n'a pas été entendu.

Individuellement les personnes me disaient : oui génial ! Comme on rêve de quelque chose que l'on juge irréalisable. Un peu comme, dans n'importe quelle situation de la vie qui nous met par terre : même si l'on a des outils pour aller mieux, on n'a pas la force de les utiliser.

As-tu déjà connu la sensation d'inutilité ? À quoi sers-je ? Quel intérêt d'être sur terre ? L'occasion de prendre conscience que de se sentir utile à quelque chose ou à quelqu'un serait peut-être bien un besoin vital… Par la suite, j'ai compris que j'allais, en tout cas dans un premier temps, être utile à « moi-m – aime » ! Change en toi ce que tu désires voir changer dans le monde, dit le sage.

N'ayant pas d'autre programme, j'ai démarré celui-ci ! Je vais donc changer en moi…

Je sentais au plus profond de moi que quelque chose, dans cette actualité, ne tournait pas rond :

– Un médicament interdit à la prescription,

– Un médicament de sédation autorisé à la prescription de tout médecin hospitalier,

– Des malades envoyés de Mulhouse (zone infectée) à Bordeaux (zone saine),

– Soigner certains malades aux dépens d'autres, par manque de moyens

– Interdiction de rendre visite aux gens dans les institutions… personnes qui sont certes fragiles, physiquement probablement, mais encore davantage psychologiquement.

Pour n'écrire que ce dont je me souviens. À moins que je ne fabule ? Certains de ces points relatés en boucle par les médias, d'autres vérifiables sur des sites officiels. Ah oui, la naissance d'une expression : « fake news » des fausses informations ! Il y avait tellement d'informations, que discerner les fausses des vraies devenait quasiment impossible (et pourtant je n'aime pas ce mot : impossible), à moins de faire une confiance aveugle à un seul média, sans se poser de questions. Ces questions qui, pourtant, me hantaient.

Il faut dire que, me sentant inutile, j'avais tous loisirs de me questionner ! Après tout, c'était peut-être aussi ma part de colibri à cette situation… ?

Cela avait le don d'éveiller en moi des colères viscérales !

J'ai toujours ressenti énormément de colères en moi, particulièrement face aux injustices. J'ai toujours également aimé mes colères. Si, si, tu lis bien : j'aime mes colères, parce qu'elles ne m'ont jamais trahie ! Je veux dire par là qu'elles ne m'ont jamais fait dire ou faire des choses que je regrettais par la suite. Sur le fond, elles ont toujours été justes… bon, OK, sur la forme, ça peut être discutable…

Je commençais une forme de vie d'ermite : plus aucune activité imposée. Me lever quand je me réveille. Manger à heures fixes était important pour mon mari qui adore cuisiner. C'était donc Son utilité qu'il s'est donnée. Entre temps, je faisais de la musique, souvent dans le jardin puisqu'il faisait beau et je me suis mise à écrire, à méditer dans le jardin. Applaudir les soignants à vingt heures ! Oui, j'avoue, je l'ai fait ! C'était un repère.

Les seules relations avec des humains se faisaient avec les voisins lors des promenades des uns et des autres, le reste par téléphone et Facebook. Grâce à ce dernier, j'avais un autre rendez-vous journalier à travers une page qui proposait de jouer du tambour chamanique à une heure précise.

Période très émotionnelle pour tout le monde, si pour moi c'était surtout la colère, pour beaucoup c'était la peur. Comment échanger, dialoguer dans ces conditions, chacun possédant Sa Vérité. C'est à ce moment que m'est venue l'idée de la boule à facettes pour expliquer la vérité (cf. chapitre 1).

La peur, une émotion bien humaine ! La peur viscérale ! La peur qui noue les tripes ! Celle qui, au contraire, les vide sans prévenir ! La peur qui paralyse ! Ou celle qui nous fait faire n'importe quoi, un peu comme une certaine colère… La peur qui nous fait imaginer les pires des scénarios, ceux dont nous craignons tellement la réalisation… La peur qui exige une protection, la protection de quelqu'un ou de quelque chose… La peur qui nous fait perdre jusqu'à la plus infime parcelle de confiance en nous qui resterait encore… Dans tous les cas, la peur nous fait chercher la réponse, la solution à l'extérieur de nous. Cette émotion, tellement intense, que nous sommes capables de faire confiance à ceux-là mêmes qui la créent, quant à une solution possible… ou pire quant à La solution possible ! À ce stade, je ressens, à nouveau, la colère monter en moi. Serait-elle une peur archaïque qui a macéré en moi pour remonter ainsi ? Moi qui, globalement, suis plutôt apte à gérer toutes sortes de situations plus ou moins compliquées, aurai-je donc des faiblesses ?

Là, c'est sûr !!! Lorsque mes enfants vont lire cela, ils vont jubiler : ah enfin ! Elle reconnaît !

Hé oui ! Reconnaître ses faiblesses ! Les accueillir ! Les accepter ! Houlala ! Ça fait mal ! Par contre, une fois que je les identifie et les reconnais, je peux me rendre compte que dans les composantes inconscientes de mes peurs, il y a la peur de découvrir mes faiblesses ! Maintenant que je reconnais cette dernière, une partie de mes peurs est dissoute et l'énergie que je dépensais inconsciemment pour les cacher est disponible pour autre chose ! Autrement dit, j'acquiers une force supplémentaire et pas des moindres !

Cette peur en médecine traditionnelle chinoise se situe à l'opposé de l'amour.

Serait-il possible que la peur soit juste (!!!) un manque d'amour ?

Un manque de confiance ?

Un manque de confiance en l'Amour ?

Ce qui est sûr, c'est que la peur diminue la confiance en nous au profit de la confiance en… un miracle ?

Si j'en crois ce que j'ai écrit quant à notre incarnation, la peur résulterait de notre éloignement de la Source. Pas d'un simple éloignement, mais de l'oubli de la Source ! Un oubli de toute la connaissance que nous avions dans la Source ! Il doit bien rester au moins un germe de tout cela en nous… ?

# Premier confinement

*Lundi 06 avril 2020, jour 21*

Pendant une méditation m'est venue cette question :

Pourquoi croyons-nous ?

J'entends par là ; pourquoi l'enfant croit ce que disent les adultes ?

Pourquoi croyons-nous ce que nous disent les autres ou ce que nous voyons ou lisons dans les médias ? Pourquoi croyons-nous ? L'humain, à l'origine préfère-t-il le formatage à l'Être, à ce qu'il Est lui-même ? Serait-ce en lien avec ce que je disais de la naissance ? Sommes-nous à la naissance, ou devenons-nous par l'éducation, amnésiques au point de gober tout ce que nous voyons et entendons autour de nous, comme autant de vérités immuables ?

En écrivant cela, je prends conscience tout à coup que vraiment, notre réalité tangible n'est qu'une réalité possible parmi des milliers, voire des milliards d'autres... cette fameuse boule à facettes...

*Mardi 07 avril 2020, jour 22*

Pour mes séances quasi journalières d'écriture, j'élis domicile dans le fauteuil suspendu de la cabane du jardin. Un endroit que j'affectionne particulièrement. Je suis dehors, car elle est ouverte à tout vent. J'y suis à l'abri de la pluie. Je peux observer la nature sans être vue. Je prends conscience que je suis en train d'écrire sans mes lunettes. C'est un vrai temps de Pâques et des effluves floraux me chatouillent les narines. Je me sens bercée par la chanson du bassin et la valse des insectes. Je ne vois pas les oiseaux, mais je les entends. J'aime particulièrement les dialogues des merles. Je m'amuse à interférer dans leurs échanges. Je ne sais pas si je chante la vraie langue des merles, mais le fait de répéter leur mélodie change quelque chose dans leur ramage. Depuis que les humains sont en cage, les oiseaux s'en donnent à cœur joie ! Il y en a de plus en plus : des rouges-gorges, des mésanges, des rouges-queues, des geais…

Le soleil devient rasant. Le tas de bois apparaît comme sous les feux de la rampe. Je vais assister au lever de lune. La fameuse pleine lune de printemps.

Une mésange dans le cerisier. Un petit courant d'air traverse la cabane. Les ombres s'allongent. Encore un rouge-queue dans le pêcher. Les petites anémones blanches tournent un dernier regard vers la lumière avant de fermer leurs pétales pour la nuit. Les balsamines se dressent fièrement sur leur tige. Les futurs voisins font leur petit tour du soir de ce qui ne va pas tarder à être leur propriété. Un chat roux remonte tranquillement le chemin. Un autre voisin, muni de son arrosoir, fait la navette entre la fontaine et son jardin. Une voiture passe.

### *Mercredi 08 avril 2020, journée 23*

Tu l'auras compris, j'oscille entre cogiter à propos de l'actualité et me laisser bercer par la douceur de Dame Nature, ou Pachamama, comme tu veux ! Je ne peux, ne veux pas accepter toutes ces injonctions complètement illogiques (à mon sens) du gouvernement. Je ne pense donc pas politiquement correct. Je n'adhère pas à la pensée unique. Je me fais donc qualifier de complotiste. Mais qui complote contre qui, à propos de quoi ? Si ce qualificatif me revient, serait-ce une forme de manipulation pour m'empêcher d'exprimer mes réflexions ? Où veut-on nous emmener ? Au nom du grand dieu FRIC… on nous fait croire au miracle de la vaccination après nous avoir enfermés dans la peur du virus et de ses conséquences…

Je ne me sens pas le charisme de ceux qui rassemblent les grandes foules. Alors quel est mon rôle ? Si je n'ai jamais fait que me mettre en marge de tout ce à quoi je ne peux adhérer, que puis-je faire aujourd'hui ?

Attendre ?

Attendre en évitant de donner mon énergie à l'égrégore de la peur, de la soumission, de la haine…

Attendre en émettant le maximum de sérénité, de douceur, de joie, d'amour… aurai-je suffisamment de charisme pour attirer la Lumière ? Ma musique suffit-elle à être ma participation à ce qui est en train de se jouer dans ce monde en déroute ? Je ne me suis jamais sentie réellement « appartenir » à un groupe, quel qu'il soit. Pas même à l'époque où je m'investissais à fond dans le catholicisme. Alors qui suis-je ? Que fais-je ? Ai-je un rôle à jouer dans cette société ? Peut – être pas… ?

Derrière moi, les moineaux piaillent. En face, à la lisière de la forêt, deux merles échangent leurs idées mélodieuses.

*Samedi 11 avril 2020, jour 26*

**Demain, c'est Pâques.**

Voilà deux jours que je n'ai pas écrit. Le temps passe vite. Très vite ! Finalement, il se passe des milliers de petites choses chaque jour, chaque heure, de même qu'il ne se passe rien. Mes émotions mènent leur vie à une allure folle. J'ai la sensation que, tout doucement, des choses changent en profondeur. Sont-ce mes rêves que je prends pour des réalités ? Ou se concrétisent-ils ? Ou les consciences qui commencent à émerger de leur engourdissement ? Des gens qui prennent de nos nouvelles et qui commencent à réagir différemment à l'actualité…

Le printemps s'installe. Une armée de crapauds fraye joyeusement dans la fontaine. Rémy s'acharne à « nettoyer » le potager. Je sème et j'arrose.

Une aide-soignante m'a appelée. Mercredi, j'irai à l'EHPAD des Érables. Ils ont besoin de Joie !

*Lundi de Pâques, 12 avril 2020, jour 27.*

Je me sens moins « blueseuse » aujourd'hui. Il y a de nouveau de la vie dans le hameau : un motoculteur, une tondeuse, des gens qui discutent en faisant le jardin... Je n'ai pas fait grand-chose aujourd'hui : qi gong, méditation, flûte, cosmicbow, tambour... À quoi rime toute cette mascarade ? Où cela nous mène-t-il ? Quand et comment agir ? Ou pas ? J'aurai choisi de vivre cette époque pour agir ? Pour apprendre ? Oui, apprendre sûrement ! Mon statut de retraitée était sensé... euh... était sensé quoi ? Me faire profiter de la vie ? Voyager ? M'apporter de nouveaux apprentissages ? Bon, là oui, je suis servie ! Développer des compétences cachées ? En musique ? Pour les soins ?

Comment ? Je vais déjà jouer plus régulièrement.

*Jeudi 16 avril 2020, jour 30*

Finalement, le temps passe très, très vite lorsque l'on mène une vie au ralenti ! Ou plutôt, je mène ma vie au rythme de mes émotions. Ma meilleure alliée de gestion des émotions est ma Lyre en cristal. Pour moi, ce n'est pas qu'un instrument de musique, c'est un Être ! Réellement un Être ! Elle a une âme. Elle m'enseigne énormément. Lorsque je sens la colère qui s'installe, à peine quelques sons et ça s'apaise en moi. Dans la nuit de lundi à mardi, je me suis promenée dehors, en pyjama, chaussons et mon vieux ciré brun ! Lorsque je me suis recouchée, ma Lyre m'a appelée par deux fois. Je n'ai pas répondu !

Pourquoi ? La nuit passée, idem ! Et j'ai répondu ! Elle a vibré dans la nuit.

Tiens, là, à l'instant ça gratte dans ma gorge... Dois-je également chanter ?

Je reviens à l'événement d'hier, car c'était un vrai événement. Depuis plus de quatre semaines, je n'étais sortie en voiture qu'une seule fois. Animation musicale aux Érables avec ma bénévole préférée. Évidemment en extérieur !

Des résidents, ravis de nous voir, chantent de bon cœur. L'accueil de la directrice était un peu surfait. Elle avait prévu une sonorisation qui n'a servi à rien.

Les soignantes étaient ravies de nous voir, mais fatiguées puissance dix. Un peu comme si elles devaient maintenir une tension pour ne pas craquer.

L'infirmière coordinatrice régulièrement au bord des larmes. Nous avons été chaleureusement remerciées et félicitées, mais je suis rentrée alourdie de tant d'émotions. Facebook a été inondé de films et de photos de l'événement, mais cela me laisse un goût bien amer... C'est à ce moment que j'ai eu envie de paraphraser Martin Luther King : j'ai fait un rêve. Le texte figure dans « Vivre, Naître, Devenir », mais, si tu veux, je te le remets dans les annexes.

*Samedi, 18 avril 2020, jour 32.*

Je crois que ce que j'ai écrit jeudi m'a fait du bien. Depuis, ma colère est partie en vacances... Où ?... Pour combien de temps ? On verra bien...

La nuit passée, j'ai bien dormi. C'est la nuit d'avant que je suis sortie avec la Lyre.

Hier, j'ai appelé l'EHPAD en Alsace. Je sentais mes émotions chahuter, pas forcément agréablement, sans toutefois trop me chambouler. J'irai vendredi prochain, je jouerai autour de la maison. Les résidents sont encore confinés en chambre. Depuis, j'ai des sensations désagréables dans ma gorge, comme une « larynx/pharyngite », mais qui ne me gêne absolument pas pour la déglutition. Je ne comprends pas trop, dans la mesure où je suis convaincue d'être dans le juste en faisant ces animations...

J'ai eu des nouvelles de chacun de mes trois enfants !

La vie est belle !

*Mercredi, 22 avril 2020, jour 36*

Houlala, déjà !

J'ai fait une balade dans la forêt, j'y ai rencontré une amie. J'ai fait la moitié du chemin pieds nus. Quel bonheur !

Vendredi prochain, je ferai une animation « derrière les carreaux » à l'EHPAD alsacien !

J'ai publié mon texte « j'ai fait un rêve » sur Facebook.

Il me semble que mes colères se posent, ou se libèrent, ou s'évacuent... Je ne sens plus cette montée comme au début du confinement.

Ce matin, dans le journal, il est question de déconfinement.

Quel drôle de mot : déconfinement ! Même le correcteur orthographique de mon ordinateur ne connaît pas ! Me voilà toute déconfite ! Cette espèce de vie d'ermite de luxe n'était pas désagréable du tout : grande maison dans la nature juste pour Rémy et moi, temps magnifique, travaux de jardinage et aucune obligation horaire. Même si j'avais déjà la chance d'organiser ma vie uniquement avec des activités plaisantes, là, je trouve que c'est encore mieux ! Puis, mon côté bisounours était persuadé que beaucoup de choses changeraient « après ». Et là, après bientôt quatre semaines, je ne vois pas trop ce qui changerait vraiment. Je rêve d'un réveil de l'humanité, d'une prise de conscience de la façon dont nous sommes gouvernés... mais j'ai la sensation que tout cela n'est pas encore prêt. Même si de plus en plus de gens commencent à se poser beaucoup de questions. Je doute s'ils s'en souviendront lorsque la routine aura repris sa place... à moins que la routine ne revienne pas... ou qu'elle prenne du temps à revenir...

*Jeudi, 23 avril 2020, jour 37*

Demain, je vais en Alsace pour l'animation en extérieur, « derrière les carreaux » !

*Vendredi 24 avril 2020, jour 38*

J'ai fait une animation en extérieur en Alsace. J'ai fait le tour du bâtiment en six étapes, accompagnée par l'animatrice et une soignante. Lorsque je suis rentrée, je me suis sentie complètement essorée ! La soignante était obnubilée par la désinfection alors que l'animatrice était dépassée par la gestion des visites aux résidents qui n'ont pas le droit de se toucher ! Oui, je le savais déjà, mais d'en prendre réellement conscience, c'est juste inhumain !

En rentrant, j'ai fait un message à une amie qui pouvait comprendre. Elle m'a éclairée sur le fait que ma colère avait laissé sa place à une grande tristesse, une impuissance aussi. Suis-je en train de toucher ma vulnérabilité ? Mais, au fait, ça signifie quoi, vulnérabilité ? Se laisser toucher ! Se laisser toucher ne signifie pas se laisser détruire... Est-ce simplement montrer que je peux être touchée très profondément, sans pour autant être déstabilisée ?

Merci la Vie !

*Jeudi 30 avril 2020, jour 41*

Aujourd'hui, il pleut et c'est bien. La terre en a besoin.

Par contre, je ne peux pas faire l'animation derrière les carreaux. Cela m'a valu de longs moments au téléphone pendant lesquels j'ai abondamment semé mes graines de remise en question de tout ce qui se passe actuellement.

*Le 11 mai 2020, nous sommes déconfinés !*

Des cons finis ? Des confits de quoi ?

Toujours est-il que nous ne nous signons plus à nous-mêmes des autorisations de sortie ! Si si, tu te souviens : nous nous sommes auto autorisés à sortir ! Et par écrit s'il te plaît !

Nos déplacements sont limités à cent kilomètres autour de notre domicile. Nous sommes censés porter un masque en public et garder des « distanciations sociales ». Encore une expression inédite !

Nous voilà un tout petit peu libérés !

Je retourne en Alsace toutes les semaines. C'est à ce moment que j'accouche de PLum'Hier (cf. chapitre 6) qui fait ses premières déambulations au mois de juillet. Un semblant de vie reprend. Nous faisons une petite escapade pour les vacances d'été !

# Confinement, saison 2.

*Vendredi 30 octobre 2020, ouverture*

Le vendredi, je suis à l'EHPAD ainsi que PLum'Hier.

La nouveauté est que nous voilà, nous citoyens français, triés en deux catégories : les essentiels et les non essentiels ! Encore un décodage de la société que je ne connaissais pas.

Le directeur de l'institution ayant estimé (à juste titre) que mon activité était essentielle pour le moral des résidents, je suis nettement moins affectée par ce confinement.

*Samedi 31 octobre 2020, jour 2*

Il existe maintenant des commerces essentiels et des commerces non essentiels. Entends par là : tout ce qui est alimentaire est essentiel et tout le reste, n'a aucune importance. Dans les supermarchés, seul ce qui est alimentaire est accessible. Tous les autres rayons sont fermés : plus de vêtements, plus de bricolage, plus de meubles ni d'électroménager, plus de livres ni de disques, plus de culture, etc. Les restaurants, les bars, les cinémas, etc. sont au chômage. Les enfants, à partir de six ans, vont devoir mettre un masque à l'école !

Nouvelle vague de protestation et de panique, puis la plupart des gens obéissent toujours par peur de ce virus.

De mon côté, si je compare à la saison une, même si je sens de la révolte en moi, j'ai nettement moins de colère. Dès que je me rends compte que je l'alimente, je change de sujet ou je cherche à déroger. Oui tu lis bien ! Moi qui ai toujours été une petite et grande fille obéissante, je cherche à déroger ! C'est un exercice plutôt excitant !

*Dimanche 1er novembre 2020, jour 3*

**C'est aussi la Toussaint.**

Pour une fois, je n'ai rien mis sur les tombes. Le ferai-je plus tard ?

J'avais prévu d'aller voir un voisin à l'hôpital pour soulager son épouse qui fait la route tous les jours. L'hôpital n'accepte plus que la personne la plus proche du malade. Et zut ! J'irai faire une balade en forêt.

Pour l'instant, j'ai à nouveau la forme. Contrairement à un très proche passé ! Je ressens même une espèce de griserie comme s'il allait se passer quelque chose de vraiment excitant.

Je viens de lire un extrait de Osho sur la liberté et la révolution. Il dit que lorsque nous nous rendons compte que nous vivons dans une société malade, nous ne réagissons plus. Nous observons avec le maximum d'angle de vision dont nous sommes capables. Nous ne rentrons plus dans son jeu pour défendre une idée ou une autre. Nous accueillons nos émotions en les laissant nous traverser, puis nous continuons notre petit bonhomme de chemin.

Serait-ce de cette manière que nous permettrons à la Lumière de s'installer ?

On dirait que ça commence à bouger un peu : des maires décident de donner des autorisations d'ouvrir à leurs commerçants.

Mardi 03 novembre 2020, jour 5

Hier était un jour normal. Le matin : méditation, accordéon. L'après-midi : trois heures de balade puis une consultation.

J'ai dit à la personne : « Vous prenez la responsabilité de vous déplacer, je prends la responsabilité de vous accueillir. »

Ça fait du bien, ces petits coups de désobéissance.

*Mercredi 04 novembre 2020, jour 5*

Aujourd'hui, une consultation programmée ce matin, ça nourrit !

Cette après-midi paraît un peu plus longue, d'autant qu'il pleut et que les douleurs liées à la promenade d'hier n'ont pas toutes disparu.

*Période de Noël 2020*

**Drôle d'époque !**

Confinement, déconfinement, dictature, censure… La palme revient à l'injonction de Noël :

« Pour le réveillon, papy et mamy mangeront la bûche à la cuisine ! » Et dire que c'est un ministre bien sinistre qui l'a émise, celle-là !

Puis je n'ai plus écrit dans mon journal.

En mai 2021, je participe, avec mon accordéon, à une marche fleurie.

Un petit défilé festif et bon enfant dans la petite ville d'à côté. Avec un groupe d'artistes, nous avons déposé des fleurs devant les commerces « non essentiels ».

# Chapitre 11 – Apprenti Sage

Nelson Mandela disait : « Je ne perds jamais : soit je gagne, soit j'apprends ! »

Qu'ai-je appris de cette période ?

Je pourrai dire :

– À ne plus prendre pour argent comptant, une information quelle qu'elle soit...

– À ne plus obéir aux injonctions inhumaines...

– À me méfier de toute structure hiérarchisée et/ou politique...

Et si, à la place, je disais :

J'ai appris :

– À faire confiance à mon ressenti lorsque me parvient une information, quelle que soit son origine...

– À accueillir, écouter puis laisser passer mes émotions afin que mon cœur les devance au moment d'agir...

– À reconnaître dans le fonctionnement de notre société ce qui est à parfaire en moi...

– À observer avec un angle de vue plus large mon fonctionnement et par ricochet celui de la société...

– À redéfinir mon système de valeurs...

– À regarder mes faiblesses en face et à y découvrir une grande force...

– Que nous pouvons vivre géographiquement très proches les uns des autres tout en vivant dans des réalités totalement différentes, tellement il est vrai que nos pensées créent nos priorités…

Surtout, j'ai appris que la qualité de ma relation à cette Source Infinie et Inépuisable définit ma perception des événements et mon degré de résilience… cette capacité de voir le beau, quelle que soit l'ingéniosité de son déguisement…

Et Toi, qu'as-tu appris ?

# Chapitre 12 – Amour

C'est un mot bien particulier, amour…

Lorsque j'étais enfant, le mot « amour » ne s'utilisait que pour parler d'une relation amoureuse et/ou sexuelle. Lorsque l'on disait « je t'aime » à quelqu'un du sexe opposé, on se voyait déjà marié, avec une maison, des enfants… et évidemment, il n'était pas question de dire « je t'aime » à quelqu'un du même sexe, tu penses bien !

L'autre endroit où on pouvait entendre ce mot, c'était à l'église. Là, cela me semblait tellement abstrait que je laissais passer ce mot au profit de mes sensations subtiles.

Si, aujourd'hui, je devais rajouter ce mot dans un dictionnaire, je le mentionnerais peut-être ainsi :

Amour : mot indéfinissable quant à son genre ; illimité dans son utilisation ; invariablement singulier ; absolument unique et tellement multiple ; contenant et contenu de tout.

Mon cœur bat.

Mon cœur se bat pour une ouverture de conscience qui est aussi une dilatation de mon thorax en chair et en os.

Ma réalité est là où se pose mon attention. Si je porte toute mon attention dans mon thorax, il m'arrive de ressentir quelque chose de… doux… sublime… est-ce cela l'Amour ? La connexion à la Source ?

L'ouverture de conscience permet tous les champs du possible. Oh que oui ! Élargir mon regard, prendre de la hauteur ! Je comprends mieux certaines situations, certaines réactions des humains. Je demande bien la dose d'Amour qu'il me faut pour pouvoir regarder tout cela… et voilà que mes colères réapparaissent de plus belle ! J'avais déjà expérimenté qu'une problématique personnelle n'est jamais entièrement démantelée, nettoyée, déracinée… oh on avance, j'avance ! Je suis même très fière de la durée vécue sans manifestations, aucune de mes colères… tiens, c'est drôle : j'avais envie d'écrire colères viscérales et le mot qui a suivi est ancestrales ! Aurai-je hérité de la colère de mes ancêtres ? De ce point de vue, je comprends tout à coup pourquoi j'ai toujours aimé mes colères… peut-être même… m'auraient-elles manqué cette dernière année ? Je vous salue, mes colères ! D'autant que je trouve une (petite, très petite) étincelle d'Amour en vous… Saintes colères ?

L'attention correspond à mes choix. Oui, même si ce n'est pas simple, je choisis de porter mon attention sur cette infime parcelle d'Amour qui existe dans mes colères.

Mes choix deviennent…

Mes choix sont mes réalités.

Mes choix sont l'image que je me fais de la vie ou de la situation du moment. Si choisir signifie porter un maximum d'attention dans l'étincelle d'Amour, décider que, quoi qu'il arrive, cette situation passera et que ce que j'en aurai appris sera indéniablement pour un mieux, la Vie ne peut être que belle ! Est-ce ceci, avoir la foi ?

Mes émotions, reconnues et acceptées, constituent ma force fluide, ma force vive, ma force de Vie, vide de tous tabous.

Lorsque je sens l'Amour dans mes mains, je sais que tout est juste.

Cela m'arrive encore trop rarement.

Trop rarement quoi ?
Trop rarement l'Amour ?
Trop rarement mon ressenti ?
Trop rarement ma conscience ouverte ?

Impatience ?
Impatience, amie de la peur !
Peur, absence d'Amour.

Nous y voilà !

Être, comme dans la Source !
Être Amour !
Amour Être, amourette...

Mon rêve : Être : sublimer le corps !

Au niveau de mon petit statut d'humaine, cela est possible, mais trop rarement à mon goût.

La peur est coriace.

Notre côté terrestre est duel.

Équilibre !

Équilibre ?

Équilibre peur/Amour ?

Reconnaître, accepter, apprivoiser ses peurs...

Une nouvelle force !

L'Amour dans mes mains m'étonne lorsqu'il est impromptu. Pourtant, pour les soins, je l'appelle et dans ce cas, c'est ma foi qui appelle. Y aurait-il une foi impromptue et une foi voulue ?

En voulant l'Amour, je l'appelle de toutes mes forces et ainsi, je rétrécis son canal de circulation. Comment le laisser circuler librement, sans force, sans intention ?

Ah oui ! En l'absence de peurs !

Peur, éloignement de la Source...

Pourtant, la Source Est,

La Source Vit,

La Source pulse,

La Source est en moi,
La Source Est Moi…
Alors pourquoi la peur ?
Par l'éloignement de la Source ?
Par l'oubli de la Source ?

Si je ressens de la peur pour une personne proche qui, de mon point de vue, est en situation de danger, est-ce un manque d'Amour ? Suis-je déconnectée de la Source ? Ou tout simplement, ai-je perdu la foi ?

Aimer, serait-ce laisser l'autre s'enfoncer dans son puits profond ?

Il a été dit : aimer c'est se donner ! Cette phrase, je l'ai entendue souvent à l'église. Mais, si je me donne, cela signifie que j'appartiens à quelqu'un ou à quelque chose ? Dans ce cas, je ne M'appartiens plus… et ce serait ce quelqu'un ou ce quelque chose qui déciderait pour moi ? Je n'aurai plus de libre arbitre ! Je n'aurai plus aucune responsabilité de mes actes et paroles ? Oui, ça pourrait être pratique pour jeter la faute sur ce quelqu'un ou quelque chose… Donc je n'aurai plus aucune responsabilité ?

Aime ton prochain comme toi-même !

Ça aussi, je l'ai entendu ! Personne ne m'a jamais témoigné comment on peut s'aimer soi-même ! Bien au contraire, se porter attention était qualifié de narcissisme ! Et ça, ce n'est pas bien ! C'est peut-être même un péché ! Alors, comment veux-tu que l'humanité soit pacifiée et aimante, si chacun aime son prochain comme je m'aime ?

J'apprends à m'aimer, mais c'est un chantier au moins aussi important que de pacifier mes colères !

Un autre mot est très utilisé depuis… je ne sais pas, mais je suis quasiment sûre de ne jamais l'avoir utilisé… ne serait-ce que quand mes enfants étaient petits ? Bienveillance !

Bienveillance !
Veiller au bien ?
Indulgence ?

Bonté ?

Vouloir le bien d'autrui ? Et le mien aussi !

Absence de jugement ? Le juge ment ?

Ce mot, serait-il apparu suite à la prise de conscience d'une certaine malveillance ambiante ?

J'ai parfois l'impression que, sous prétexte de bienveillance, on nous demande, de façon à peine subliminale, d'accepter beaucoup de choses, et presque d'accepter l'inacceptable... Dans ces cas, le mot bienveillance m'agace amplement !

Si, par contre, la bienveillance est un regard sans jugement et constructif sur une personne, une situation ou un acte et encore mieux sur soi, alors il prend toute sa dimension lumineuse !

Prendre conscience de mon propre fonctionnement dans une situation précise :

– L'observer sans concessions, mais sans jugement,

– En tirer les enseignements nécessaires pour avancer...

– Tout comme dans l'accompagnement d'un enfant, d'un adulte, d'un groupe de personnes de tout âge, toute catégorie sociale ou culturelle...

– Dans le respect de l'expérience de chacun,

– Vers une prise de conscience commune,

– Pour un cheminement lumineux,

– Tout en ayant défini un cadre à l'avance...

Là oui !

Bienvenue Bienveillance !

Et Toi ?

Comment t'aimes-tu ?

Es-tu bienveillant(e) avec « toi-m-aime » ?

Ce dont je suis sûre, c'est que la bienveillance envers « moi-m-aime » entraîne, sans effort, la bienveillance envers les Autres et la Vie !

# Annexes

**Plan de la définition de la santé publique selon le dictionnaire Larousse**

**LA SANTÉ ENTRE MÉDECINE ET SOCIÉTÉ**

Des maladies en évolution

Les facteurs sociaux et politiques liés à la santé

**LA SANTÉ, OBJET DE RECHERCHE ET OBJECTIF A ATTEINDRE**

Le rapport de la population à la maladie

La lente naissance d'un droit à la santé

**LA NÉCESSITÉ D'UNE SANTÉ PUBLIQUE**

Le rôle de l'État face à l'industrialisation

L'O.M.S. et la coopération internationale

**LA « GESTION » DE LA SANTÉ EN FRANCE**

Le rôle et l'action de l'État

Des difficultés économiques et financières

PERSPECTIVES MONDIALES

## J'ai fait le rêve d'une humanité nouvelle !

Une humanité, dans laquelle la vie et son respect, le respect de la vie de chacune et de chacun et le respect de la vie de tous sont au centre de toutes les préoccupations.

J'ai fait le rêve d'une humanité dans laquelle, il ne s'agit pas de gagner sa vie. La Vie, nous l'avons, elle n'est pas à gagner.

J'ai fait le rêve d'une humanité dans laquelle, chacune et chacun se sentent spontanément en sécurité,

Dans laquelle, chacune, chacun est invité à développer, à son rythme, toutes les capacités, tous les talents, tous les dons qui lui sont propres ?

J'ai fait le rêve d'une humanité dans laquelle, chaque personne est respectée pour la poussière d'étoile qu'elle est.

J'ai fait le rêve d'une humanité dans laquelle, ce sont les gens de terrain qui prennent les décisions collégialement.

J'ai fait le rêve d'une humanité heureuse de progresser ensemble plutôt que dans la compétition,

Une humanité dans laquelle, il n'y a ni forts ni faibles, mais des fonctionnements, des compréhensions, des philosophies différentes et complémentaires.

J'ai fait le rêve d'une humanité dans laquelle, les dirigeants sont au service des peuples et se portent garants de la sécurité, la santé, le bien-être de tous et du « bien vivre ensemble ».

J'ai fait un rêve encore plus délirant, dans lequel chacun de ceux que nous appelons « les grands de ce monde » se réveille un matin dans la peau de quelqu'un qui (comme ils disent) n'est rien.

Un matin dans celle d'un SDF,

Un autre dans celle d'une hôtesse de caisse,

Un autre encore dans celle d'un éboueur, d'un jeune autiste, d'un personnel de santé, d'un employé ou d'un patron d'une petite entreprise, d'un enseignant, d'un éducateur spécialisé, d'un chauffeur routier, etc. la liste est non exhaustive.

Plus simplement qu'un matin, ils se réveillent avec le souvenir, les sensations, les émotions de ces gens, comme elles étaient les leurs !

## Remerciements

Cette fois-ci, je ne sais pas trop comment m'y prendre !

Je crois que la Gratitude, tout comme la Joie, l'Amour et bien d'autres choses dans la Vie, sont des qualités, des attitudes peut-être même un état d'esprit à cultiver.

Un état d'esprit, une attitude qui seraient toutefois à la merci (c'est drôle de dire ça !) de nos émotions du moment…

Quelles que soient les situations de notre vie, nous avons toujours le choix d'y rencontrer, ou pas, les émotions opposées.

Une petite contrariété peut nous bloquer dans nos peurs, tristesses, colères.

Tout comme, dans le plus grand des désarrois, il existe une (petite ?) lumière qui peut être très difficile à capter mais qui est bien réelle.

Libre à chacun(e) de s'entraîner, ou pas, à rencontrer cette lumière. Je conçois que ce n'est pas toujours aisé !

Aujourd'hui, je ne ferai pas de liste nominative… quoi que… allez minimaliste, la liste !

Merci à Rémy qui croit toujours plus en moi que moi-même !

Merci à toute l'équipe des éditions Maïa et Simply Crowd qui m'accompagne dans cette naissance, afin qu'elle ait sens !

Ces deux mercis particuliers parce que ma confiance en moi n'est pas toujours autonome !

Merci à Jessica Da Costa pour la métaphorique « boule à fa7 » de la couverture.

Jessica a ce don de dessiner exactement ce que je vois dans ma tête : quelques mots et elle est sur la même longueur d'onde !

Je suis remplie de Gratitude pour la Vie, pour tous les événements de la Vie : ceux qui me remplissent de Joie et ceux qui me permettent de travailler sur moi. Nous sommes bien d'accord pour dire que les événements difficiles nous font particulièrement avancer ! Mais je demande toujours à évoluer/apprendre grâce à des événements les plus acceptables possible !

Gratitude à cette Intelligence supérieure qui crée les synchronicités !

Gratitude à ma capacité de percevoir ces synchronicités comme « l'Âme Agit » de la Vie !

Gratitude aussi à ma ténacité afin d'apprendre à voir la Lumière dans toutes choses et dans toutes les circonstances de la Vie.

Oh, vois-tu que je commence à me « co-fiancer » en moi ?

Gratitude à la Nature, à tout ce qui Est !

Gratitude à tous les « Unstemps » de ma Vie !

Gratitude à tous ceux, toutes celles qui partagent ma Vie (y compris dans l'invisible,) qui la croisent ou la traversent !

Gratitude pour les échanges !

Gratitude pour la Joie et l'Amour que tout cela cultive !

Et tout particulièrement Gratitude, Joie, Amour à Toi qui me lis, sans qui je n'aurai pas vraiment eu de raison d'écrire tout cela !

Puisses-tu trouver le courage, la force, la ténacité de déceler la Joie, l'Amour et la Gratitude qui en découle, à chaque « Unstemps » !

Que soit vivante l'Âme Agit de la Vie !

Imprimé en France - 60180 - 14110 Condé-sur-Noireau
RapidBook, une marque du Groupe Corlet Imprimeur